5分で相手を納得させる！「プレゼンの技術」

藤木俊明
Toshiaki Fujiki

同文舘出版

はじめに

「現場で使えるプレゼンの話」をします

「プレゼンテーション」（以下、プレゼン）という言葉は、ずいぶん日常的に使われるようになってきました。本書は、もう新入社員とは言えないあなたが、はじめてプレゼンをすることになり困ってしまった、または社会に出てプレゼンを経験したがもっと上達する必要性を感じた、あるいは「そもそもプレゼンとはどのように行なうのか？」を知りたい――そんな「プレゼン初心者」の要望に応える、現場で役に立つ技術をやさしくお伝えすることを目的として書きました。

また、すでにプレゼンの中級者クラスで、さまざまなツールを駆使してプレゼンを行なっているのだが、どうも結果が芳しくないという人もいるでしょう。そんな方にも「原点に立ち返って」もう一度確認してほしい事柄を盛り込んでいます。

書店に行くと、欧米流のプレゼン上達本、または欧米で勉強した著名なコンサルタントの書いたプレゼン本、とてつもない成績を上げたトップセールスマンの書いたプレゼン本などがたくさん並んでいます。

その中から、本書を選んで手に取っていただいたことに感謝します。しかし、筆者は「先生」でも「欧米仕込み」でもない、ビジネスの現場にいる実戦のプレイヤーです。肩書きは小さな会社の社長ということになっていますが、毎日のように現場でプレゼンをしています。しかも、数人を相手にした「小さなプレゼン」がほとんどです。

つまり、お読みになっているみなさんと近い立場で物事を見ています。「先生」でなくてがっかりされたかもしれませんが、独立起業して、コンテンツの企画、制作と運用を中心とした事業はありがたいことに20年続いています。それは、プレゼンに勝ち抜いてきた結果だと言えば信用していただけますでしょうか？　その経験値に基づいて、しかも、欧米流のプレゼンではなく、あくまでも日本の日々の現場ですぐ使えるようなお話をしないと意味がないと考えています。

ですから、この本には、難しいことや、専門的な話はほとんど出てきません。すぐにでも身につけられることばかりです。

プレゼンは「プレゼント」が語源

そういう筆者も、かつてはダメな営業マンで、プレゼンが苦手でした。今でも、プレゼンの前は緊張して、「どうしよう」と悩むことが多く、自分の部下に心配されるほどネガティブな性格なのです。しかし、そんな自分のネガティブな性質をきちんと見つめて、「それならそれでやり方はないのか？」と常にカイゼンを試みてきたことが結果につながってきたと思います。

そして、もうひとつお伝えしたいことは、筆者が経営するような小さな会社は「常にプレゼンしていないと生きていけない」ということです。大げさなようですが、常に顧客の新規開拓を行ない、その度にセリにかけられるチャンスをいただき、そこで残っていかないと仕事がないのです。

今の時代、大きな会社に勤めている方でも笑っていられないのではないでしょうか？もう、毎日会社に行くだけで、安楽な一生を保証してくれる企業なんてほとんどあり得ないでしょう。毎日提案し、プレゼンに立ち向かっていく人でないと会社は雇い続けてくれないはずです。

この書籍を開いていただいたご縁に感謝し、すぐ身につくプレゼンの技術をプレゼントしたいと思います。そうなんです。プレゼンの語源は「プレゼント」なのです。

そして最後に、できるだけ具体的に体験してきたことを述べさせていただきます。かつて、ダメな営業マンだった筆者は、プレゼンを重ねて、プレゼンが得意になるにつれ、仕事が楽しくなってきました。

みなさん、仕事は楽しいですか？　プレゼンに強くなると、まわりからの信頼が増し、自信がついてくることによって「ビジネス・ライフ」自体が楽しくなってきます。ですから、「仕事を楽しくするためにもプレゼンの技術が必要なんだ」、という気持ちで読んでいただければ幸いです。

２０１１年７月

藤木俊明

はじめに

1章 「5分で納得プレゼン」がビジネスパーソンの道を開く

2章 「5分で納得プレゼン」に向けた日々のカイゼン

3章 「5分で納得プレゼン」実践のポイント

4章 発信力を高めるヒント

7章 本当にあった「5分で納得プレゼン」実戦事例

装丁　田中正人（モーニングガーデン）
本文デザイン・ＤＴＰ　マーリンクレイン

1章

「5分で納得プレゼン」がビジネスパーソンの道を開く

1 プレゼンが苦手だと思っている人へ

プレゼンのない現場なんてあり得ない

筆者は、プレゼン初心者のビジネスパーソンに向けてセミナーや社外研修を行なうことが多いのですが、そんな時、「プレゼンテーション」という言葉の響きに誤解を持っている人が多いのではないか、と感じることが多くあります。

その誤解のひとつは、「プレゼンのような売り込みは苦手で避けて通りたい」ということ。また、その他の理由として、海外の映画やテレビドラマで見るような、スターが大勢の人を前にして行なうようなプレゼンをイメージしてしまい、「プレゼンなんて自分には関係ない世界の話だと思う」というものです。

たしかにこれまでは、プレゼンとは、特定の職種の人、たとえば、広告代理店の営業とかクリエイティブ担当などが行なうようなもので、「避けて通りたい」または「避けて通れる」ものだったのかもしれません。

しかし、**現在のビジネス環境において、プレゼンのない現場なんてあり得ません。**社内の企画会議で自分のプランを発表する、そのプランを練り上げて役員会に上程する、お客様の所に行って新製品の説明をする、代理店を集めて新製品のセールスポイントを説明する、そんな「小さなプレゼン」を毎日毎日乗り切っていかなくてはならないのです。

第一、就職活動をして会社に入ることですら、プレゼン能力が必要と言えますね。そこには、海外ドラマのワンシーンのようなプレゼンではなく、現場で、短時間で相手を納得させるプレゼンの技術が必要なのです。

現場では「短い時間でプレゼンすること」が求められる

辞書を引くと、「プレゼンテーション」という言葉には、「提示」「提出」そして「贈呈」「進呈」などの翻訳が示されます。そして、その語源は、冒頭に述べたように「プレゼント」から来ていると言われています。**「相手に大事なものを贈ること」**がプレゼンの核だと考えてください。

決して、立て板に水のようなスピーチをしたり、相手を理屈でねじ伏せていったりするようなものではないのです。「現場の小さなプレゼンですぐ使える技術」は、口下手な人にも、あがり症の人でも、あまり経験のない人にも誰にもすぐ使えるものです。

そして、「現場の小さなプレゼンですぐ使える技術」で大切なことは、「短い時間」でプレゼンするということです。

あなたには、おそらくわずかな時間しか与えられません。本書では、**「5分で相手に大事なものを伝えて納得してもらうこと」**をゴールとして構成しています。

さて、「プレゼンが苦手」と感じてしまう人。そんな人に聞いてみると、いくつかの原因があるようです。

人前に出るのが苦手？　大丈夫です

人前に立つとあがってしまう、人前だとうまくしゃべれない、というのがおそらく一番多いパターンです。しかし、大勢の前で話すプレゼンの場なんて、そんなに多くあるわけではありません。そんな場をどう乗り越えるかは後で述べますが、まずは、少ない人数の相手に、何かを説明して納得してもらう、という場面が圧倒的でしょう。

そういう意識を持つ人には、悪く言えば「意識過剰」な部分があるように見えます。プレゼンは、自分という人間の品評会に出るわけではなく、**仕事で伝えるべきことを相手に短い時間でわかりやすく説明して納得してもらうことが目的**です。納得してもらえなければ、出直すか、説明のしかたを考えてくればよいのです。

売り込みが苦手？ 大丈夫です

冗談のような話ですが、筆者が入社希望者の面接をしている時に、「わたしは人に売り込むことが苦手で……」と言う希望者がいました。筆者が、「別にセールスをやれとは言わないけれど、お客様にいろいろ提案する場面は多いですよ。それができないと困りますよ」と話したのですが、どうも腑に落ちないようで、「人に売り込むことだけはやりたくないんです」と、話が噛み合わなくて困りました。

「プレゼン」イコール「売り込み」ではありません。もちろん、売り込みが目的のプレゼンもあります。しかし、「売り込むぞ！」という姿勢でうまくいくプレゼンは少ないと思います。

「いかに短い時間で相手に納得してもらえるか」、前述のように、大切な贈り物を、提案先にきちんと受け取ってもらうことを願って行なうものなので、むしろ、わくわくしながら行なうべきものだと思います。

失敗したくない、恥をかきたくない? いいじゃないですか

「自分の話が下手な所を見られたくない」「下手なプレゼンで失敗して評価を下げたくない」というプライドを持つ人は、プレゼンでは引っ込み思案になってしまうようです。

もちろん失敗はあります。しかし、失敗を重ねていけば、そのうち必ず成功に到達しますし、失敗しないと自分の何が問題なのかも見えてきません。筆者もずいぶん手痛い失敗を何回もやらかしています。

営業時代に言われた言葉で記憶に残っているのは、「一番多くの断りをくらったやつが最高の営業なんだぞ」と言われたことです。100戦100勝のプレゼンなんてあり得ません。ですから、失敗を恐れずに、プレゼンの機会があったら、「わたしにやらせてください」と手を上げること。それだけで、「プレゼン上手」に一歩近づいているのです。

これは後述しますが、**見事にトークを展開する人、美しいプレゼン資料を準備する人が「プレゼン上手」とは限りません。**

とくに、現場の「小さなプレゼン」においては、そんなことは決め手になりません。ぜひ、「過剰な意識」を捨てて、売り込みではなく「相手にプレゼントを届ける気持ち」でのぞんでください。

まとめ

- どんな職種でもビジネスでのプレゼンを避けて通れない
- 現場では「短い時間」でプレゼンすることが求められる
- 人前に出るのが苦手でも大丈夫
- 「プレゼン＝売り込み」ではなく、相手に「プレゼント」を贈る気持ちで

2 映画で観るような見事なプレゼンに憧れている人へ

最新のツールや流行のスキルに気を取られないこと

さて、プレゼンに強くなることが大切だということは、なんとなくわかっていただけたでしょう。

ところが、プレゼンのスキルを上げるぞ！　プレゼン技術を身につけるぞ！　と決意すると、次のような方向に走り出す人が少なくありません。

- アップル社のスティーブ・ジョブズ氏のように堂々と話す技術を身につけなくては！
- 完璧な企画書を制作して、大勢の人の前でよどみなく話さなくては！
- そのために PowerPoint の高度なテクニックや、プロジェクターなどの最新の機器に精通しなくては！

それらの決意は間違ってはいませんし、それぞれの手法を研究するのも今後のためになることです。とくにスティーブ・ジョブズ氏のプレゼンは、参考にすべきところがたくさんあります。しかし、いきなり、日常の「小さなプレゼン」の場面に、氏の真似をしたところでうまくいくことは少ないはずです。

また、筆者は企画書の書籍も執筆していますので、企画書も大切だと思っています。しかし、「企画書のための企画書」というようなものをつくっている人が少なくありません。企画書は、プレゼンを通すためのツールなのに、立派な企画書をつくることが目的になってしまうパターンです。

つまり、「プレゼンのためのプレゼン」。セレモニーのようなことばっかり考えてしまう人がいます。みなさんが直面するのは**日常の「小さなプレゼン」であり、「小さなプレゼンを通す技術」を習得するのがまず必要**なことです。前述のような、「映画で観るようなプレゼン」は次の段階か、または遠い将来だと思います。

日本の現場で通用するプレゼンをする

ぜひ、本書で伝えたいことがあります。前述したとおり、プレゼンというと、技術やツールばかりもてはやされるきらいがありますが、ここ**日本の現場において、どのようなプレゼンが有効か**ということを把握する必要があります。

そして、とくに述べたいのは、技術やツールも必要ですが、むしろ自分の体質自体を**「プレゼンに強い体質」**に変えることが大切だということです。

たとえば、プレゼンでプロジェクターを使って、見事なスライドショーを見せる人もいます。しかし、実際には「紙の資料」も必要なのです。ですから、見事なスライドショーはあくまでも「サポート」で、短い時間で「自分の話」と「紙の資料」で相手に納得してもらう技術がないと、日本の現場ではあまり役に立たないと思います。「ずいぶん凝ったスライドをつくってきたようだけど、それで……何なの?」と言われかねません。

どのような場合においても、プレゼンは、**「決裁をもらう」**ということが目的です。現場で、決裁権を持つ人に、「いいね」と言わせることが目的です。そして、そう言わせるのは、基本的にあなたの発する言葉なのです。**ツールはそのサポートにすぎません。**

まとめ

- 最新のツールや流行ばかりに気を取られずに、現場で直面するプレゼンに強くなろう
- プレゼンの目的は「決裁をもらうこと」

3 「プレゼンツール技術の高い人」が「プレゼン上手」とは限らない

決裁者は忙しく、たくさんの案件を抱えている

前述した、最新のソフトウェアやプロジェクターなどの機器を使いこなし、見事な企画書を作成し、流暢に話を進めるプレゼンター。そんな人を「プレゼンツールを取り扱う技

術の高い人」と言ってもよいかもしれません。

みなさんのまわりにもいませんか？　とにかく完璧な企画書をつくり、最新のツールを活用したプレゼンを行なおうと躍起になっている人。もちろん、向上心を否定するものではありません。ありませんが、残念なことに、そんな「プレゼンツールを使いこなす技術の高い人」が「プレゼン上手」とは限らないのです。

取引先も、みなさんの会社の経営陣も、**「重要な決裁権を持った人は忙しい」**のです。つまり、のんびりプレゼンできる環境にはないのです。ですから次のことが求められます。

- すぐに提案しなければならない
- 短い時間で提案しなければならない
- ポイントを絞って提案しなければならない

そうすると、そんな完璧な企画書をつくる時間なんてありません。「明日の会議で提案してくれ」と言われることもあります。もしかしたら、その場で提案することになるかもしれません。そんな時に、パソコンを立ち上げて、プロジェクターを準備して……なんて現実的ではありません。

しかも、提案すればいいというものではありません。重要な決裁権を持った忙しい人には案件が集中しています。それらに、即断即決しなくてはいけないのが決裁者たちです。

ですから、分厚い資料を準備する必要性もありません。たとえ、決裁者がゆっくり時間を取ってくれたとして、さまざまなツールを使って提案するにしても、時間をかけたり、分厚い資料を用意して提案しても、よい結果を望めないことは明白です。

繰り返しますが、決裁者は、たくさんの案件を抱えていて即断即決しなくてはならないのです。本書では、そういう場合にも5分で納得してもらえるようなプレゼン技術を解説していきます。

「プレゼン上手」とは相手を5分で納得させる人

経営者だけではなく、現場でのプレゼンであればなおさらです。応接室に通されて提案できるような機会はなかなかありません。下手するとアポイントなしで取引先を訪問して、その場で立ったままプレゼンしなくてはならない時もあるでしょう。

また、そんな訪問時に、「そういえばこんな問題があるなあ。何かおたくにいい提案ない？」なんて言われたことが、筆者にもたくさんあります。「それでは……」と言ってパソコンを開いてプレゼンの準備をはじめるわけには行きませんし、「また、日を改めてプレゼンします」などと言っては機会を逃がしてしまうことは火を見るより明らかです。

ここまで言えばおわかりだと思いますが、「プレゼン上手」とは**「臨機応変に、短い時間で、相手にポイントをわかりやすく説明でき、納得させ、決裁をもらえる人」**といっていいでしょう。

まとめ

- 決裁権を持った人は忙しいので「すぐに」「短い時間で」「ポイントを絞って」提案すること
- 「プレゼン上手」とは「臨機応変に、短い時間で、相手にポイントをわかりやすく説明でき、納得させ、決裁をもらえる人」

4 本当の意味での「プレゼン上手」な人

「臨機応変・短時間・納得」がキモ

さて、お待たせしました。いよいよ本書の本題に入ることになります。もう一度、「プレゼン上手」とはどんな人でしょう？　筆者の考えは前述のように、**「臨機応変に、短い時間で、相手にポイントをわかりやすく説明でき、納得させ、決裁をもらえる人」**です。

これでは少し抽象的かもしれませんので、詳しく説明しましょう。

①臨機応変に対応できること

・その時の事情に応じて、とくに提案先の要望に合わせて、最適なプレゼン方法を選び出すこと

・提案先のタイプや周辺事情を汲み取った上で、最適なプレゼン方法を考えること
・時間をかけずにプレゼンの準備を行ない、スピード感あるプレゼンを行なうこと

②短い時間でポイントをわかりやすく説明できること
・短い時間（5分ぐらい）で提案先（相手）がポイントをつかめること
・短い時間で相手が判断できるようにすること

③短い時間で相手を納得させ、決裁までもらえること
・相手を「腑に落ちる」状態にすること
・納得した相手が決裁を下ろしてくれること、つまりプレゼンに通ること

ここまでのことがきちんとできてはじめて「プレゼン上手」な人と言えるのです。

「前向き」であることが必須

そして、技術的なことよりも大切なことがあるのです。「プレゼン上手」になるには人

柄も関係してきます。

「人柄や性格は変えようがないんじゃないの？」

「そんなこととプレゼンは関係ないんじゃないの？」

と、おっしゃる方がいるでしょう。しかし、本書でも説明させていただくように、プレゼンは単なる技術ではなく、**「あなたという人間を信用してもらう」**ことが「プレゼン上手」になる前提なのです。

もちろん、人にはいろいろな性格がありますし、それを変えることはなかなか難しいものだと思います。しかし、どんな性格であっても、**「前向き」**なこと。まず、「前向きな考え方」を持つことが「プレゼン上手」になるために、必要な姿勢だと思います。

「プレゼン上手」の人は例外なく前向きですし、そうしてプレゼンを経験し、成功を増やすことによって、より前向きになるのではないかと思います。筆者は、おおむね「プレゼン上手」な人たちは人柄も関係している、言い換えれば「プレゼンに強い体質」を持っていると思っています。

これらで、何となく「プレゼン上手」のイメージがわいたでしょうか。では、こうなるためには具体的にはどうすればいいのでしょうか？　それをこれから説明させていただきます。

まとめ

- プレゼンは単なる技術ではなく、あなたの人柄を信用してもらうこと
- 「前向きな考え方」を持つことが、「プレゼン上手」になるための基本的な姿勢
- 「プレゼン上手」な人たちは「プレゼンに強い体質」

2章

「5分で納得プレゼン」に向けた日々のカイゼン

1 プレゼンに強くなるということは「あなた」自身のカイゼン

「この人と一緒に働きたい」と思われる人になる

前章で「プレゼンは単なる技術ではなく、あなたという人柄を信用してもらうこと」「前向きな考え方を持つことが、プレゼン上手になるための大切な要素」だと述べさせていただきました。

本書は「5分で納得させるプレゼン」ができるような技術をお教えするものですが、実は、企画内容や便利なデジタルツールなどより、もっと大切なことがあります。それが、**「この人と一緒に働きたい」と思われる人になる**ということなのです。

プレゼンは、「企画の内容がすべてだ」と思っていないでしょうか？　もちろん、提案する企画内容はとても重要です。しかし、相手、つまり提案先の立場をもっとよく想像してみてください。

投資家であろうと、銀行であろうと、取引先であろうと、あなたの会社の経営陣であろうと、あなたの提案について、「決裁する立場」にあると考えてください。**あなたの提案したことについて、大きな予算を支払うのです。**つまり、リスクをかぶることになるのです。

どんなに企画が素晴しくても、提案するあなた自身が頼りなく見えたり、怪しく見えたりしたら、相手は決裁を下ろすでしょうか？

実は、企画内容以上に見られているポイントは、**「この人は一緒に働くに値する人かどうか？」**ということなのです。もちろん、性格は人それぞれです。この本を読んで性格を変えよう、なんて言うつもりもありません。しかし、少なくとも「後ろ向き」の考え方の人を仕事のパートナーとして選んだり、大きな予算を任せたりするでしょうか？

プレゼンの技術的なことは後の章で詳しくお伝えします。しかし、それだけでなく、「一緒に働きたくなるような人」に自分を**少しずつブラッシュアップしていくこと**も必要で、そうすると、プレゼンに強い体質にカイゼンでき、さらに「5分で納得プレゼン」がやりやすくなるとお伝えしたいのです。そういう体質になれば、次のような効果が生まれます。

①プレゼンする機会が多く与えられる
②のぞんだプレゼンでは勝率（通過率）が高い
③プレゼンに強いことで組織の中で大切に扱われ、ビジネスが楽しくなる

この3つの要素で、プレゼンに強いと評価されることで、ますますプレゼンする機会が多く与えられる、という**好循環**が生まれます。

それでは、そういう「プレゼンに強い体質」にカイゼンするには、日々どうしたらいいのでしょうか？　別に難しいことではありません。実際の「体質改善」と同じようなものだと思うのです。

つまり、**「習慣」**にしなければ長続きしないし、「習慣」にして**継続する**ことによって「プレゼンに強い体質」に変化していくのがわかるからです。

「生活習慣病」と言われる病気があります。この病気が日々の適度な運動や、食事の節制など習慣を改めて体質を改善しないといけないのと同じことです。

その中でも、①「プレゼンする機会が多く与えられるように自分の体質をカイゼンする」、②「のぞんだプレゼンでは勝率（通過率）が高くなるように自分の体質をカイゼンする」。

この2つについて次に述べていきます。

まとめ

- **「この人と一緒に働きたい」と思われる人になることが大切**
- **「一緒に働きたくなるような人」に自分をブラッシュアップ。プレゼンに強い体質にカイゼンしていこう**
- **「プレゼンに強い体質」になると、①プレゼンする機会が多く与えられる、②のぞんだプレゼンでは勝率が高い、③ビジネスが楽しくなる、といういい環境になる**

2 プレゼンする機会が多く与えられる人になる

「プレゼンする機会」は、野球で言えば「打席に立つ」こと

本書の読者には、これからはじめてプレゼンに立ち向かう人も多いかと思います。その中には、「嫌だなあ」「避けて通りたいなあ」という方も多いのではないでしょうか。

しかし、見方を変えたら、プレゼンの場に立つということは、会社がそれを任せてくれたということです。

プロ野球で言えば、試合で打席に立たせてもらえたということです。もし、それほどの力がないと判断されれば、打席に立たせてはもらえません。

この「プレゼンする機会」を与えられるということは、ビジネスパーソンとして、とて

も大切なことなのです。**いかにたくさんの「プレゼンする機会」を与えられるか**が、あなたのビジネスパーソンとしての評価に関わってくると言っても過言ではないでしょう。「プレゼンに強い体質」の人は、自社からも「君にプレゼンを任せよう」と言われますし、相手方からも「あの人にプレゼンする機会を与えよう」と認められることになります。

プレゼンの技術とは別に、「プレゼンの機会を数多く得るような人間」として、自分をブラッシュアップすることが大切でしょう。

「プレゼンする機会」を多く得るためには、次のような努力を積み上げる必要があります。

①社内で「あの人に話をさせてみたい」という評価を積み上げる
②社外や取引先で「あの人の話を聞きたい」という評価を醸成する
③社内・社外で「会うのが楽しみな人」と評価されるようになる

これらに、総合して必要なことは**「話し方」**です。プレゼンの技術では「話し方」が非常に重要で、付け焼刃ではなくて、ふだんから「話し方」を磨いておくのは、たいへん役に立つと言えるのです。心がけておきたいのが**「前向きで率直な姿勢での話し方」**です。

ふだんから前向きで率直な話し方をしよう

ふだんから、前向きで率直な話し方を意識していると、自然にプレゼンの場でもそういう話し方ができるようになります。ポイントは表1の通りです。

もうひとつ、小さいことですが、いつも心がけておきたいことがあります。

これはふだんからのコミュニケーションにも使うといいと思いますが、**「相手に声をかける時に、なるべく相手の名前も呼ぶ」**ということです。

たとえば、朝の挨拶でも、「おはようございます」と、ただ声をかけるより、「▲▲さん、おはようございます」と、名前と合わせて声をかけます。

プレゼンの時もそうです。

「今日は提案に参りました」

と、単に告げるより、

「今日は▲▲さんに、提案を聞いていただきたく、参りました」

➡表1　前向きで率直な話し方のポイント

気持ちを開く	自分のことをある程度オープンに話す
傾聴する	相手の意見をきちんと聞く姿勢を示し、いったん受け入れた上で自分の意見を話すようにする
前向きな姿勢	ネガティブな相手の意見は、場合によっては受け流し、前向きな方向に変えるように努力する
ダメな所は隠さない	欠点や問題点は素直に認め、改善点を話す
あきらめない	何とかしたいという前向きな熱意を最後まで示す

と、名前を付けて言うのです。すると、相手との距離が近くなります。小さな積み重ねですが、長い間積み重ねていくうちに、違いが出てきます。

これらはある程度、対人コミュニケーションの技量を積んだビジネスパーソンであれば、自然に身につけていることだと思います。

人的ネットワークを増やして「プレゼンする機会」を得る努力をしよう

社内で「プレゼンする機会」を得るのはもちろんですが、とくに営業職の人、ある程度のキャリアを積んだ人は、社外の、新しい人的ネットワークに触れて、知り合いを増やし、「プレゼンする機会」を開拓していく必要があります。

勉強会やセミナー、業界団体の集まりなど、いろいろな所に顔を出している人を見ますが、「漫然と名刺交換だけをしている」ということになっていませんか?

昔に比べて、名刺のありがたみは薄れていると思います。どこの会社に所属している、というより**「自分がいったい何ができる人なのか」**ということを、認知してもらわなければば、声をかけていただくことはないでしょう。

では、「わたしはこういうことができます」「こういう会社にいて、こんな製品を扱っています」と、名刺交換した相手に、その場でどんどん売り込めばいいのでしょうか？ それもちょっとうんざりされそうですね。

筆者は、名刺の他に、**「自分のプロフィール」**を持ち歩いて、社外の人と交流するときにお渡ししています。A4一枚のペーパーに、仕事の情報と共に写真を入れて、出身地、趣味、好きな食べ物などを書き込んだ、いわば「自分の企画書」（取扱説明書）です。あんまり長いものや、分厚いものは嫌がられます。

「後でメールを送ればいいではないか」という人もいますが、会ったその場で渡すから効果があるのです。「それなら、今度ゆっくりソーシャルメディア戦略について話をしませんか？」などと話が発展することも少なくありません。そんな、地道なアプローチを積み重ねた上で、「プレゼンする機会」が増えていくのです。

ここに、参考までにアプローチ用のプロフィール例を掲載しておきます（表2）。

メールをやり取りするのは、意外と面倒くさいものですし、しっかり読んでもらえない

表2 「自分のプロフィール」例

氏名	：同文舘 太郎（27歳）
個人データ	：血液型O型　牡羊座
出身地	：埼玉県草加市　草加せんべいが有名です。
学歴	：同文舘大学商学部卒業 卒論は「中小企業のマーケティング戦略」 学生時代はバンド活動と（担当はベース）、中華料理店でのアルバイトに明け暮れました。なので、調理にはちょっと自信があります。
趣味	：サッカー観戦。とくに地元「草加センベイズ」のファンです。
料理	：今は「蕎麦打ち」に挑戦中です。休日には自宅での蕎麦打ちと、蕎麦の食べ歩きに出かけます。
仕事	：駿河台下ウェブ・マーケティング株式会社 企画営業担当 中小企業の「稼げるWeb戦略」の提案に首都圏を飛び歩いています！ うまくWebサイトが活用できていないと感じている経営者様・営業責任者様、無料診断「あきないくん」をご提供いたしますのでお気軽に声をおかけください。
得意なこと	：「コストをかけずに売れるWebサイト」を企画・運営すること。 担当した大手家具販売会社様の通販売上を、200万円の投資で、前年比180％アップさせたという実績があります。
連絡先	：電話（012）3456-7890
メール	：taro××@abcdfeg1234.jp
SNS	：ミクシィ「同文舘太郎」 Facebook「同文舘太郎」 お気軽にアクセスください。
ブログ	：「駿河台マーケティング日記」 http:// abcdefg1234.jp 非才ですが、仕事で感じたことのつれづれを書いております。

ことも多いです（とはいえ、メールをしないより、出したほうがよいので、手紙を出す時間がないという人はメールでもいいでしょう）。

まずはアナログなツールで印象付けて、その後、メールのやり取りにする、という風に進んだほうが人的ネットワークを開拓していくには効果的でしょう。

今なら、Facebookやミクシィなどのソーシャルメディアで「つながる」ことがスマートかもしれません。

これが、人的ネットワークをつくるためのセルフブランディングのコツだと思います。

そうして、人的ネットワークを開拓して、「プレゼンする機会」を増やしましょう。

まとめ

- 「この人と一緒に働きたい」と思わせること
- ふだんから前向きで率直な話し方を心がける
- 人的ネットワークを開拓するためにいろいろな集まりに出かける
- 名刺だけでなく、アナログなツール（プロフィール）を出会いの時に使う
- その後のメンテナンスはソーシャルメディアを活用する

3 プレゼンする機会を増やす人は「アプローチ上手」

「アプローチ上手」がたくさんプレゼンする機会に恵まれる

前述したように、プレゼンで100戦100勝ということはありません。プロ野球で100打数100安打という人がいないのと同じです。あの、イチロー選手ですら4割安打です。それでもイチロー選手がすごいと言われる所以は**「安打数が多い」**ことです。

プレゼンも同じです。たとえば、Aさんは1年に2回しか提案をしない人とします。そのAさんがプレゼンで1回成功した場合、成功率は5割です。

しかし、ここにBさんがいて、1年に100回提案する人とします。そのBさんがプレゼンに30回成功して決裁をもらったとすると、成功率は3割です。

どちらが会社にとってありがたいでしょうか？

当然Bさんです（もちろん、Aさんの職種が1回のプレゼンで何百億も稼ぐような特別なものであれば別ですが）。つまり、**打率より安打数がほしい**のです。そのためには、打席に多く立つことが大切になります。

どうやって、多くの打席に立つか、打席に立つことを「プレゼン」としたら、打席に立たせてもらうための活動のことを「アプローチ」と筆者は考えています。つまり、**「プレゼンする機会」が多い人は、「アプローチ上手」**なのです。

前述のように、いろいろな人的ネットワークを増やす活動をするとします。また、営業なら、頻繁に得意先に顔を出し、あるいは新規開拓に努めていることと思います。

多くの方は、「すぐプレゼン」と考えていないでしょうか？　その前の「アプローチ」をないがしろにすると、プレゼンの機会、つまり打席に立たせてもらう機会が増えません。

ここで、アプローチの方法をいくつか述べさせていただきます。

「アプローチ上手」になるための4つのポイント

①手紙あるいは「手紙のような」企画書

名刺交換をしても、それらは単なる「紙」であり、しばらくすると、名刺入れに埋もれて用をなさなくなってしまい、いったい誰だったか忘れられてしまうのがオチでしょう。

そこで、名刺交換をした相手に、「手紙」を出すことをすすめます。ハガキでもいいのですが、筆者は**資料も添えて封書で出す**ようにしています。前述したような、自分のプロフィール（顔写真入り）や仕事内容をまとめた資料と直筆の簡単な挨拶文を入れます。

いきなり、「今度、提案に伺ってよろしいでしょうか？」と迫ってはいけません（面会した時に約束していれば別です）。「実はこのような仕事をしているのですが、貴殿の業界についていてわからない点があり、勉強のためにお話を聞かせていただけないでしょうか？」程度にしておき、あくまでも、相手には自分の仕事の紹介にとどめておきましょう。

いきなり「提案に行きたい」と言っては性急すぎてダメですが、全然仕事と関係ない話だけをしても時間の無駄です。仕事のことは必ず組み入れ、しかも、相手には警戒させないような内容がベターでしょう。

②ソーシャルメディアを使った土壌づくり

面会した後に、Facebookやミクシィなどのソーシャルメディアのやり取りが可能になったら、さりげなく気軽な感覚で挨拶を入れたり、コメントを入れたりして、相手の記憶に残るようにします。

これも、「すぐプレゼン」という風に持っていくのではなく、**自分が信頼を勝ち得るための土壌づくり**だと考えましょう。だいぶ親しみが出てきた頃に、「今度、このようなセキュリティマネジメントに関するセミナーを行なうのですが、お時間があればご招待させてください」などと、ゆっくりとアプローチしましょう。

③ほとんどノーアポで伺うフットワーク

思い切って、アポイントがない時にも**「お近くに来ましたので、よろしければ伺わせていただけないでしょうか?」**と連絡する方法もひとつの手です。

もちろん、いきなり提案に行くのではなく、相手の会社のことを知ることと、相手との〝タッチポイント〟を増やすためです。約束もなく押しかけるのは、ふつう失礼に当たることが多いのですが、相手によっては意外と話を聞いてくれる時もあります。

少なくとも「顔」を覚えてもらうことはできるわけです。その時は、何か先方の役に立つもの、とくに情報を持って行くといいでしょう。基本的には何も提案せずに帰ります。

筆者の営業マン時代、まだセキュリティが今ほどきびしくない時代でしたので、ふらっと先方の会社に行って、相手が不在なら、名刺を置いて帰るということをよくしました。

決してムダ足にはならず、その方々からプレゼンする機会をいただくことが多かったです。

ムダ足を減らす方法として、ある程度の規模の会社に伺う時は、「会社の受付担当」と仲よくするように心がけました。そうすると、「Aさんはいつも3時頃まで戻ってこないことが多いですね」など情報を教えてくれたものです。

④労を惜しまず相談を受ける姿勢

そして、ふだんから意識しておきたいのが、**「どんなことでも相談しやすい相手」と認識されるようになること**です。「相談されている」という行為は、もうアプローチに成功している状態だと思います。

それには、仕事のことだけでなく、趣味や時事問題など、いろいろな分野にアンテナを立てていることが必要ですし、とくに詳しい分野があるとよいでしょう。

そう言うとハードルが高いように思えるかもしれませんが、たとえば、あなたがIT会社に勤めているなら、まず、あなたには「ITのことにはある程度詳しい」というブランドが備わっているはずでしょう。ただ、そこで止まるのではなく、「災害の時のシステム回復に詳しい」「ウェブサイトの通販ショップのことに詳しい」などと、ひとつのことをアピールできたほうが効果的です。

そこでさらに、「釣りが好きだ」「蕎麦には詳しい」「お城巡りが好きで、歴史小説を愛読」などの個人的な趣味の分野もあれば、どこか相手が相談してくれる機会が生まれやすいでしょう。ですから、自分のプロフィールには、これらのことを忘れず記入しておくのです。

つまらないことだと思っても、**どこで相手のアンテナに引っかかるかわかりません。**そうやって間口を広げて「相談しやすい人」になると、アプローチやプレゼンという打席に立つ機会が増加するのです。

まとめ

- **プレゼンは「打率」より「安打数」**
- **「プレゼンする機会」が多い人は「アプローチ上手」**
- **「アプローチ上手」のための4つのポイント**
  ①手紙あるいは「手紙のような」企画書、②ソーシャルメディアを使った土壌づくり、③ほとんどノーアポイントで伺うフットワーク、④労を惜しまず相談を受ける姿勢

3 「アプローチ上手」の人はプレゼンも勝てる

「アプローチ上手」の人はプレゼンにすでに通っている？

禅問答のようですが、「プレゼンをしないで済めば、それに越したことはない」ということを筆者は常に考えています。どういうことかと言うと、「プレゼンの前に、すでに提案が通っていればよい」ということです。「この本は、プレゼンを通すことを述べているはずなのに……」と疑問に思われるかもしれません。しかし、究極のスタイルが**「プレゼンの前に、すでに通ってしまっている」**ということだと思います。

スポーツで言えば、試合をする前にすでに勝負に勝っておくわけです。なんだか八百長と言われそうですが、ビジネスの実戦においては、結果がすべてで、プレゼンを通すことが何より大切なのです。戦国時代の「無血開城」と考えたほうがイメージが近いでしょうか。**手間やコスト、時間を最小にして、よい結果だけを得ることはビジネスにおいて最上だと思いませんか。**

アプローチの段階で、十分相手にこちらの企画提案メリットが伝わり、また、「一緒に働きたい相手」と認めてもらえれば、プレゼン前にOKをもらうことも十分可能です。

つまり、「アプローチ上手」の人は、そのまま「無血開城」に持ち込めることが多いのです。

筆者の尊敬するベテランセールスマンのSさんは、かつてこう話してくれたことがあります。Sさんは長年、数百万円もする会員サービスの販売をひとりで行なっており、毎年たいへんな売上成績を上げている方です。

筆者はSさんに、プレゼンでのクロージングについての質問をしてみたのです。高価な商品をプレゼンして、お客様に買っていただく決意をさせるにはどんな技術があるのだろうと思ったからです。

「藤木さん、僕は相手に一度も『買ってください』と言ったことはありませんよ」

と言うのです。わたしは驚いて、Sさんのやり方を聞かせてもらいました。

• 彼自身のキャリアでつくり上げた顧客名簿と見込み客名簿を丹念にメンテナンスする
• 商品やサービスによって最適だと思う顧客を分析する
• 丁寧な手紙とパンフレットでアプローチをする
• 問い合わせのあった顧客の会社や家に出向いて説明をする

「アプローチの段階でほとんど見込みは決まっています。伺って説明するだけです。そうすると、相手から申し込んでくれるのです」

と、Sさんは言います。

「それでも、お客様が迷っていたらどうするのですか?」
「はい。『以上で説明は終わりです。どうされますか?』と聞きます」
「『どうすればいいかなあ?』などと言うお客様もいるでしょう?」
「そうしたら『お決めになるのはそちらです』とお話しします」

つまり、プレゼン前に勝負は決しているのです。もっと言えば、顧客がいろいろ質問をしてくるので、それに対応することが、それがそのままクロージングになっているのです。

もう買うことは決まっているのですから……。

ちなみにSさんは、きちんとしたスーツを着て、いつも笑顔を絶やしません。質の高い文房具を使っており、それだけで、相手には信頼感を与えているでしょう。

また、そのやり方を見ていると、まず、大切な顧客の名簿があり、適切な内容の手紙を送るアプローチ段階でほぼセールスは終了しているのです。

Sさんのやり方が誰にでも通用するとは思えませんが、適確なアプローチをすることが、いかにプレゼンにとって大切かがわかるのではないでしょうか。

まとめ

- **「アプローチ上手」は「プレゼンする機会」が多いだけでなく、プレゼンそのものにも強い**
- **究極のアプローチは、プレゼンする前に勝負を決していること**

3章

「5分で納得プレゼン」実践のポイント

1

「5分で納得プレゼン」とは

相手と場所、状況、そして人数などを考えよう

それでは、いよいよ具体的な「5分で納得プレゼン」技術の説明に入りましょう！

お話ししてきたように、現在のビジネスシーンでは、ゆっくり時間をもらってプレゼンすることが難しく、また、時間をもらえたとしても、だらだらと説明していては通らないことは目に見えています。そこで現場で必要なのが「5分で納得プレゼン」の技術です。

あなたがプレゼンをする相手と場所、状況、人数などは表3のようなことが多いでしょう。


この中で、もっともよくあると思われるのが「取引先」と「社内」。あるいは、「立ち話」「応接室」、そして「少人数」もしくは「1人」のパターンの組み合わせではないかと思い

➡ 表3　プレゼンの状況

①プレゼンの相手	・取引先（新規・大口の既存顧客・提携先） ・社内の上司・経営陣 ・出資者・株主・金融機関
②プレゼンの場所	・立ち話・歩きながら ・応接室 ・喫茶店・ホテルのロビー ・プレゼンテーションルーム・専用会議場
③状況	・商品やサービスの販売を提案する ・取引の前段階として、自社の技術や実績を提示する ・社内テーマを提案する（新規企画・販売戦略・新規事業開発・新規商品開発・出店戦略・システム導入・コスト削減・ムダ削減など） ・投資をお願いする（同上）
④人数	・少人数 ・1人 ・大人数

ます。そのような場合、**たいてい多くの時間は与えられません。**

5分のプレゼンで納得してもらわなくてはならないのです。「なんだか、難しいように感じてきた……」と思わないでください。次の4つの技術を覚えていただければ大丈夫です。また、完璧に覚えなくても大丈夫。本書をしっかり読んで、頭に入れていただければ、てきめんに効果が出てきます。

「5分で納得プレゼン」4つのポイント

①説得力ある「たたずまい」の演出
②当を得たメッセージを「ひとつ」だけ発信
③相手が「成功物語」をイメージできるように発信
④相手のタイプを分析した上で、最適な話し方とツールで発信

これから本書では、この4つのポイントを説明し、その後に、プレゼンの時にブラッシュアップしたい、すぐ使えるヒントを説明させてもらいます。簡単で、明日から使えることばかりですので、読んでみてください。

まとめ

■「5分で納得プレゼン」の4つのポイントを頭に入れて、実際のプレゼンの前に確認しよう

2 説得力ある「たたずまい」の演出①

「たたずまい」をつくり出す3つのポイント!

プレゼンの場というのは、「企画内容」が評価されるだけでなく、**「この人は一緒に働くに値する人かどうか?」**という視点で見られると述べました。

それはつまり、**「プレゼンするあなた自身が評価される場」**でもあるということです。

それでは美男美女が得なのでしょうか? そうではなくて、**「たたずまい」**だと筆者は考

えます。それでは「たたずまい」とは何でしょう？　辞書（デジタル大辞泉）を引くと、「そのものの醸し出す雰囲気」とあります。

つまり、**自分が魅力的に見えるたたずまいを見つけてつくり出すこと**。それは、

- **服装や姿勢**
- **話し方**
- **物腰や振る舞い**

この3つを組み合わせて「説得力のある雰囲気」をかもし出すようにしましょう。プレゼンでの説得力が増すはずです。

しかし、間違えてはいけません。「説得力が増す」のはいいのですが、「相手を説得しようという姿勢」ではうまくいきません。それでは、相手に決裁のハンコを押してもらうのは難しいでしょう。あくまでも「相手に納得してもらう姿勢」なのです。その助けとして、「説得力のあるたたずまい」が必要なわけです。

「服装や姿勢」で「たたずまい」を演出しよう

前述のようにプレゼンとは、提案する企画内容だけでなく、あなた自身が評価される場です。そして、その評価の軸とは「一緒に働きたい相手かどうか」になります。つまり、相手が判断するのは「一緒に働く相手としてのあなたの服装」だと、考えてください。そうすると、答えはひとつ、清潔できちんとしたスーツがよいに決まっています。

これはよく知られた話ですが、**「パワースーツ」**という言葉があります。ロボットの格好をしたスーツではありません。紺の上着（ブレザー）に白いシャツ、そして赤いネクタイという組み合わせのことを一般的に指します。

この組み合わせが、「一番説得力がある服装」とされているようで、アメリカの大統領が重要な発表をする時は、おおむねこのスタイルです。先日、オバマ大統領が、ウサマ・ビン・ラディンに関する件で会見した時には、やはりパワースーツでした。ですから、プレゼンに何を着ようか迷った時は、ひとつの選択肢としておすすめします。

女性であれば、派手な服、セクシーな服よりも、一緒に仕事をする相手としての評価なのですから、**場をわきまえた、きちんとした服装**であるほうが望ましいでしょう。なにせ、「一緒に働く相手」を選ぶ場なのですから。

そして、**「前向きな姿勢」**。一緒に働く相手は、基本的にそうあってほしいものでしょう。ですから、ここまで「前向き、前向き」と繰り返し申し上げてきたのです。

もうひとつ大切なのは、**「真剣な姿勢」**です。企画内容がどんなによくても、見た目がビシっと決まっていて、前向きであったとしても、何かチャラチャラしているように感じる相手だとどうでしょうか？　聞くほうは、予算を使ってあなたの提案に投資することになるのです。そこは「真剣さ」がないと、とても一緒に働こうとは思えないでしょう。

まとめ

- **「説得力のあるたたずまい」をつくり出す3つのポイントは、「服装や姿勢」「話し方」「物腰や振る舞い」**
- **服装は「一緒に働く相手」としてふさわしいものを考えて**

3 説得力ある「たたずまい」の演出②

「話し方」で「たたずまい」を演出しよう

「前向きな話し方をいつも心がけよう」と前述しました。ここでさらに付け加えたいのは、**「いい声で話すこと」「気持ちいいスピードで話すこと」「しみ入るように話すこと」**。どちらかというと、内容より**「聴かせ方」**といっていいでしょう。

「自分はアナウンサーではないし、そんないい声でなんて話せない。第一、そんなことプレゼンに関係があるの？」と言いたくなるかもしれません。

しかし、声というのはプレゼンの正否に大きく関わってきます。つまり、「説得力のあるたたずまい」を演出するのに一番欠かせない要素といってもいいでしょう。「話し方」というのは「話の内容」以上に人に与える影響が大きいのです。

たとえば、ラジオの通販番組を聞いたことがありますか？　テレビであれば、商品を見せて、プレゼンターが上手に説明するのですから、商品を買う人がいるのもわかります。でもラジオの通販番組では、商品も見せずに販売ができるのか、と思うものです。ところが、耳からの説明だけでしかないラジオの通販でも、ずいぶん高額の商品が売れているようなのです。それほど「話し方」のパワーは大きいのです。

身近な例をあげれば、恋人と話をする時、少し照明を暗くして、ささやき合うほうが効果的ですよね。その時、甲高い声で、早口でまくし立てられたら、いい雰囲気も壊れてしまいます。実は、人間は耳から入ってくる情報にはとても敏感になるのです。

まず、**「いい声で話すこと」**を心がけましょう。とはいえ、「いい声」とはイコール「美しい声」ではありません。息の使い方で「いい声」が出るのです。

お腹から声を出すことを意識してください。**腹式呼吸**といって、鼻で息を吸う時にお腹を膨らませ、横隔膜を使って口から息を吐き出しながら声を出す方法なのです。

こうやって文字で書くと難しそうですが、声を出す時にお腹がへこめばおおむねいい感じです。これによって、声に豊かな響きが生まれます。プレゼンの時は、とくに意識して腹式呼吸で話すようにすれば効果が出るはずです。

次に**「気持ちいいスピードで話すこと」**。「話しているあなたが気持ちいい」のではなく、**「聞いている相手が気持ちいい」**ことが大切です。あんまり早口では聞いている相手が快く思えないでしょう。プレゼンの時は緊張もあるし、どうしてもいつもより早口でしゃべってしまいそうになります。それでは、まったく相手の心に届きません。とはいえ、あまりゆっくり話されても、まどろっこしいですね。

「いつもよりちょっとゆっくり目に話す」ぐらいが、ちょうどいいでしょう。

そして**「しみ入るように話すこと」**。これはあまり具体的ではない説明で申し訳ないのですが、**「相手に大事な提案を送り届ける（プレゼント）」**、そんな気持ちで、相手の深い所に届くように、こちらの真摯な気持ちを伝わることを願いながら話すことが「しみ入るように話すこと」だとイメージしてください。

すると、自然に話すスピードもゆるやかになるはずです。ちなみに、**「提案する」はプロポーズ、「提案書」はプロポーザル**と言います。プロポーズのような気持ちを持つとよいでしょう。

プロポーズというのは大げさではありません。提案先からすれば、これからの自分たちの未来（社運）をあなたの提案に賭けることになるかもしれないのです。

しかし、これらの「声」「話し方」については、自己採点では足りません。自分の耳では、自分の声は正確に判断できないので、後述のように、録音したり、他人の評価を参考にしましょう。

まとめ

- 話し方でたたずまいを演出するポイントは、「いい声で話すこと」、「気持ちいいスピードで話すこと」、「しみ入るように話すこと」
- 腹式呼吸を心がける
- いつもよりゆっくり目に
- プロポーズするような気持ちで

4 説得力ある「たたずまい」の演出③

物腰や振る舞い方は「たたずまい」に大きく影響する

「物腰」と言うと、あまりピンとこないかもしれません。ひと言で言うと、**「相手のほうをきちんと見て話すこと」**だと思ってください。日常、いろいろなプレゼンを見ていると、「企画書や資料を、下を向いて読んでいるだけ」という人がどんなに多いことか。

よく、プレゼンの書籍を見ると、「相手の目を見て話すこと」、「アイコンタクトが大切」などと書かれています。しかし、筆者を含めて、多くの人は、プレゼンの場に出て、相手の目をしっかり見て話せと言われても、なかなか照れくさかったり、緊張したりして、うまくできないのではないでしょうか。

「**相手の口元を見て話すようにすること**」。筆者はかつてこう習いました。相手の目をじっと見つめるのはなかなかやりにくいし、見つめられたほうも困るかもしれません。そこで、相手の口元を見るようにすると、視線は少し下がりますが、きちんと相手の顔を見ているようになります。プレゼン時に限らず、商談の時にも意識するといいと思います。

そして、少し人数が多い時には、「**左を意識して見るようにすること（右利きの場合）**」。多くの人を相手にプレゼンする時には、不思議なもので、利き手の方向ばかりを見てしまう傾向があります。そうすると、一方の側に座っている人から、「自分のほうはちっとも向かないな」という人が出てくることになってしまいます。

そうすると、相手方に均等に視線を向けるには、利き手と逆方向を少し多めに意識するぐらいでちょうどよくなるはずです。

ボディランゲージには大きな効果がある

欧米人のボディランゲージは本当に表現力豊かだと感じます。これはもう、我々島国で教育を受けた人間とは違うと思います。しかし、欧米流のボディランゲージを身につけるまでいかなくとも、とても大切なことなので、最低限の身振りは身につけたいものです。

●話しながら両手で大きさや位置を表す

例：「これまで問題はこんなに小さかったのですが、このたびの法改正で、これぐらい大きな問題として認識されるようになってしまいました」（両手で小さな丸をつくり、だんだん広げて大きくしていく）

例：「こういう課題はありますが、それは緊急ではないので、一度横に置いておくこととします」（両手で荷物を左から右、あるいは真ん中から横などに動かすしぐさ）

●話しながら資料やホワイトボードのポイントを手で示す、叩く

「何と言ってもここが最大のポイントです。このポイントを強く認識していただけないでしょうか」

●相手の話にうなずく、自分の話の中でもうなずく

「うなずく」「相槌を打つ」というのも効果的なボディランゲージです。相手から質問があった場合、疑問を示された場合なども、あわてずに、相槌をいったん打ってから返答するといいでしょう。

「なるほど。▲▲さんがおっしゃることはもっともだと思います。そこに対しては、こういう打ち手を考えているのですが、わたしの説明のしかたが悪かったかもしれませんね。もう一度打ち手について説明させてください」などと相槌を打ちながら言葉をつないでいくといいでしょう。

この「相槌を打つ」というのは、肯定的な雰囲気をかもし出すボディランゲージです。あんまり、打ちすぎると逆効果ですが、相手を見ながら、ここがポイントだと思う時には、話しながら使うと効果的でしょう。

さて、「たたずまい」についてお話ししてきましたが、ちょっと専門的な話を付け加えさせてください。どうしてそんなことがプレゼンに効果的なのか納得がいかない人に向けてお話ししたいのです。

話の内容自体は7パーセントぐらいしか届かない?

「メラビアンの法則※」を聞いたことがありますか?　アメリカの学者メラビアン博士が行

➡ 表4 「メラビアンの法則」

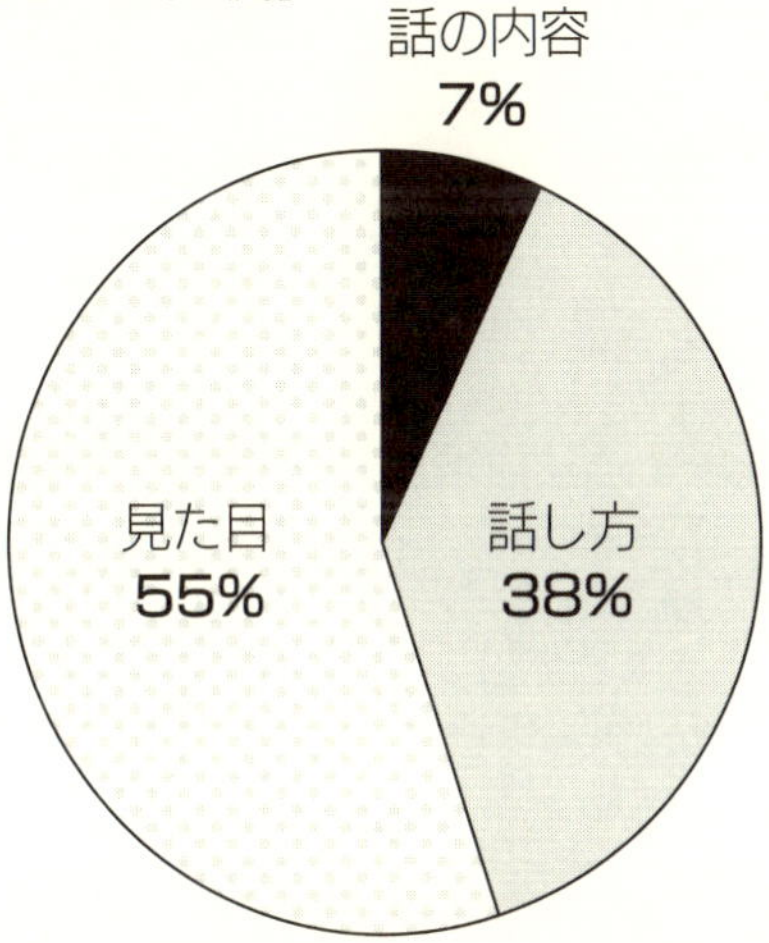

なった実験により、広まった法則で、人が初対面の相手を判断するポイントの割合が、「見た目・表情・しぐさ・視線」の主に視覚情報が55パーセント、「声の質・話のスピード・声の大きさ」などの主に聴覚情報が38パーセント、「話の内容」が7パーセントと言われているものです（表4）。

つまり、**一所懸命考えていった提案内容自体より、見た目や話し方、しぐさ、つまり「たたずまい」によって判断をされてしまう**わけです。こうした見た目、話し方、しぐさなどをノンバーバル・コミュニケーションとも呼びます。つまり、ノンバーバル・コミュニケーションである「たたずまい」が、相手に及ぼす影響が93パーセントと非常に大きいということです。

「説得力あるたたずまい」「話し方」「振る舞い方・物腰」が揃えば、「5分で納得プレゼン」の最初の関所はもう通過したも同然です。

※「メラビアンの法則」の解釈については諸説あり、一般的なコミュニケーションにはあてはまらないという意見もあります。しかしここでは、一般的に語られている事例として解釈をあてはめていいます。「たたずまい」がプレゼンに与える影響はそれぐらい大きなものだ、という解釈には間違いないと思います。

まとめ

- 相手の口元を見て話すようにすること
- 左を意識して見るようにすること（右利きの場合）
- 「両手で示す」、「相槌を打つ」など、なるべくボディランゲージを意識して話すこと

5 当を得たメッセージを「ひとつ」だけ発信①

「当を得る」ために準備が必要

「5分で納得プレゼン」で次に大切なことは、いろいろなテーマやメッセージをバラバラに発信しない、あるいは何でもかんでも発信しすぎないことです。相手は、短い時間ではいろいろな種類のメッセージを受け取れません。キャッチボールをイメージしてください。どんどんボールを投げられては、受け止められない、つまり、何をキャッチしたらいいのか、わけがわからなくなってしまうでしょう。

基本的には**「ひとつのメッセージ」をきちんと伝え、理解してもらう**ことです。5分という短い時間なら当然ですが、たとえば、もう少し長くプレゼンしなくてはいけない時にも、やはり「ひとつ」だけに絞ったほうがいいでしょう。

さて、問題は、それが「当を得たメッセージ」でないと意味がないということです。この「当を得る」ということは、簡単なことではないのです。つまり、提案先が何を欲しているのか、きちんと理解していないと、当を得たメッセージにはなり得ないのです。発するのは、たったひとつのメッセージかもしれませんが、それをつくるためには、次のようなことを心得ておく必要があります。

- 提案先にメリットのあることか?
- 予算的、スケジュール的に実現可能なことか?
- そもそも提案する相手が正しいのか?

提案相手の事情を正確に把握しておこう

まず、プレゼンしようとしていることが「提案先にメリットのあることか?」。それをわかった上でプレゼンしないと、意味のないメッセージになってしまいますよね。提案先の立場に立ってみると、大きく分けて、プレゼンには3つのパターンがあることがわかります。

①直近に解決すべきテーマがあり、その解決策を求めるもの（ニーズ高）
②いつも求めている継続的なテーマがあり、その解決策を求めるもの（ニーズ中）
③とくに急ぐテーマはないが、メリットのある提案なら聞くというもの（ニーズ低）

①と②の場合、提案先が求めているテーマ、つまりニーズやウォンツが何なのかを把握してから提案しないと、トンチンカンなプレゼンになってしまうことは間違いありません。

③の場合は、提案内容が「とても斬新で経済的なメリットがある」「長期的に見て、ブランドのイメージアップなど企業活動のプラスになる」などの意義があれば、そんなに下調べは必要ないでしょう。

さて、「5分で納得プレゼン」のためには、先方が求めているテーマをしっかり把握しておかないとダメなのですが、どうやって把握すればいいのでしょう?

もし、あなたが営業担当だったとして、提案先、つまり受け持ちの企業のニーズはよくわかっていると自信があるかもしれません。

しかし、本当にそうでしょうか？　あなたは、きびしい営業目標の達成のために、大局が見えなくなってはいませんか？　たとえば、提案先が今後環境分野に力を入れようとしているのに、まったくそのニーズを無視して新商品を提案しても、うまくいく確率はかなり低いでしょう。そのような時は、ネットや新聞記事、業界誌などを活用して調べてみましょう。

まとめ

- 基本的には「ひとつのメッセージ」をきちんと伝え、理解してもらう
- メッセージを作成する前に「提案先にメリットはあるか？」、「予算的、スケジュール的に実現可能か？」、「そもそも提案する相手が正しいのか？」を検討する
- ネットを活用して先方の事情を調べておくこと

6 当を得たメッセージを「ひとつ」だけ発信②

「当を得たメッセージ」はこうまとめよう！

「わたしが提案したいことをひと言で言えばこういうことです」と前置きして、メッセージを発信しましょう。これが、「5分で納得プレゼン」の最大のキモと言っていいでしょう。そして、述べるメッセージは次の通りに組み立てます。

「AはBといった特徴を持っており、貴社（自社）のCを解決して、Dというメリットをもたらすものです」

A：提案したい商品やサービス、企画の実施内容など

B：新機能や価格優位性などの差別化ポイント
C：テーマや課題の具体的な内容
D：コスト削減や収益力アップ、あるいは便利さや快適さ、ブランドのイメージアップなど具体的なメリット

あとは、これをアレンジすればいいでしょう。たとえば、このようになります。

「Aをご採用いただくことによって貴社（自社）のCを解決し、Dというメリットをもたらすものです」

「（具体的なターゲットを述べる）これらの消費者に向けて展開することによって、貴社（自社）のCを解決することができます」

提案先にはまず、このようなシンプルなメッセージを伝えることに全力をあげます。口頭で説明する際には、資料や写真、グラフや表組などの図解をツールとして使い、補足します。もちろん、企画書も必要であれば使いますが、「企画書を読み上げる」ようなプレゼンは、おすすめできません。

あくまでも、**相手に向かってメッセージを語りかけ、企画書はツールとして使う**という姿勢を大事にしてください。

表5 「5分で納得プレゼン」の3つのステップ

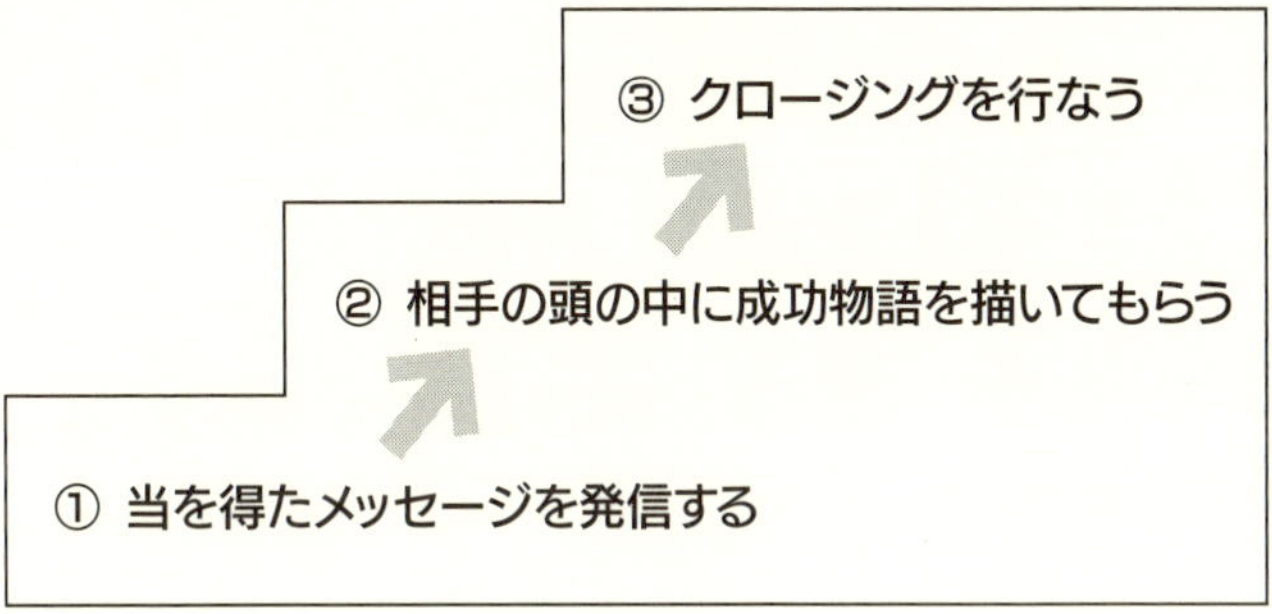
③ クロージングを行なう
② 相手の頭の中に成功物語を描いてもらう
① 当を得たメッセージを発信する

そうして、提案先にメッセージを発した後、きちんとメッセージが届いたら、相手の心の中に「成功物語」を描いてもらえるようにします。「5分で納得プレゼン」は、表5のように3ステップで構成されるのです。

それでは、次に2つ目の「成功物語を描いてもらう」というステップに進みますが、その前に**「相手にメッセージがちゃんと届いた、ということをどうやって判断するのか？」**という課題があります。

これは、前述した「ノンバーバル・コミュニケーション」で判断します。こちらがボディランゲージを行なうと同様に、提案先である相手も、メッセージがちゃんと伝わっているかどうか、ボディランゲージに表れます。

「ふむ。なるほど」という感じで相槌を打ったり、うなずいたり、身体が前に乗り出してきて興味深そうに聞いたり

している時には、メッセージがうまく伝わっていると考えます。※

そんな時は、雰囲気がポジティブになってきています。ポジティブになったところで、「成功物語」を話し出すことにします。

もし、うまく伝わっていない時はどうすればいいか、それは後ほど、「巻き返し策」として述べることにしましょう。

※『連戦不敗のプレゼンテーション』（村山涼一著　PHP研究所）によると、「うなずく」というのはもっとも相手が肯定を示す時のサインということです。ということは、相手のボディランゲージからも、相手の意志をある程度、推察できるということですね。

まとめ

- 「わたしが提案したいことを一言で言えばこういうことです」とシンプルなメッセージを発する
- 資料や企画書などは、シンプルなメッセージを伝えるためのサポートツール
- 「5分で納得プレゼン」の3ステップ
  ①当を得たメッセージを発信する、②相手の頭の中に成功物語を描いてもらう、③クロージングを行なう

7 相手が「成功物語」をイメージできるように発信①

ワンメッセージを受け止めた相手の頭の中に物語を描く

あなたが発信したメッセージが提案先に受け止められたとします。それはもちろん一番大切なことですが、決裁を下ろしてもらうため、つまり、プレゼンを通すためには相手の頭の中に「具体的な成功物語」を描いてあげる必要があります。

あなたが発信したメッセージを聞いて、経営幹部なら「それならうちの会社が悩んでいたこの課題が解消されて、うまくいけば今期は黒字に転換できるな」、あるいは現場の人なら「それなら我々が悩んでいた業務の非効率が解消して、仕事を楽にすることができるな」などとイメージをするでしょう。また、そういうイメージが描けなければ、決裁を下ろすまでには、なかなか至らないものです。

典型的な「成功物語」とは、おおむね次の5つの結果になります。

①収益が上がる
②課題が解決する
③ブランドイメージがアップする
④事業または提案した企画が継続し、成長していく
⑤経営者が描いていた夢がかなう

現場のプレゼンでは、①か②、または両方がほとんどでしょう。資本主義である以上、どんな場合でも「収益が上がる」というテーマは避けて通れないものです。しかし、それが根拠のない、うさんくさい話でなく、きちんと自分たちの課題解決になっているとなると、頭の中に成功物語を描きはじめるのです。伝え方としては次を参考にしてください。

「(メッセージを発信し終えて) もし、この企画を採用いただけたなら、貴社のコストが年間これだけ削減できると確信しています。コストが下がるだけではありません。貴社と同業種の▲▲社様にご採用いただいたところ、管理スタッフを半分にできました。そのスタッフを、創造的な業務に配置転換することができ、全体の収益が10パーセント伸びたという事例があります。これを御社にあてはめるとどうなるかということです」

コストが下がる、という話だけでは弱いと考えて、**他社の事例を持ち出して**、さらに収益が上がるのではないかという「成功物語」を相手の頭に浮かべてもらうのです。

また、⑤のパターンで、こういう発信のしかたも考えられます。

「(メッセージを発信し終えて)もし、この企画を採用いただけたなら、貴社はいよいよアジア進出の前線基地を青島に持つことになります。貴社の創業者[redacted]様はそもそもアジア進出を悲願とされていました。そのDNAを受け継いだ貴社経営陣の夢をかなえるのではないでしょうか? そのことを社員に伝えて、全社のモラルアップを図ることも可能かと思います」

こちらの事例では、**相手の会社の歴史を持ち出して、「創業者の夢」をかなえる**、ということと、現在の会社のモラルアップに使えるという利点を合わせて述べ、相手の頭の中に成功物語を描いてもらおうとするものです。

まとめ

■相手の頭の中に「具体的な成功物語」を描こう
■典型的な「成功物語」は、5つの結果がある

8 相手が「成功物語」をイメージできるように発信②

「旅立ち」「試練」「帰還」という物語に学ぼう

「そうは言っても、そんなに簡単に物語なんて考えられない……」とおっしゃる方も多いでしょう。ここで、先人の知恵に学んでみませんか？　たとえば『スターウォーズ』など、アメリカの映画や小説でヒットする作品には、ある一定の法則があると言われます。それは、①旅立ち、②試練、③帰還という構成が基本になっていて、神話を模したものです。

本書は映画のシナリオライター講座ではないので簡単に述べますが、①旅立ちでは主人公が親と対立したり、問題を抱えたりして、故郷を離れて旅に出ます。②試練では、旅の途中、いろいろな敵に出会い、戦ったり、負けて修行を積んだり、新たな仲間が増えたりして主人公は成長していきます。そして③帰還では、主人公は大きな宝、あるいは獲得した能力や仲間と共に故郷に凱旋してきて、故郷の危機を救ったり、強大な敵を打ち破ったりするという流れです。ヒットした映画の多くはこのストーリーをベースにしているとのことです。

むろん、我々は映画ではなく、プレゼンの本番5分間という中で、物語を相手に伝えなくてはいけません。そうすると、次のような事項をあてはめてみたらどうでしょうか？

①旅立ち

- **業界や自社の歴史の振り返り**
- **業界や自社の抱える問題**
- **問題に対しての取り組み**
- **新規事業、新規分野への挑戦**

②試練
・困難な課題や障害
・課題克服の説明

③帰還
・課題克服の展望や確かな見通し
・新製品、新サービスの開発、新たな提携先の開発
・次のステップの明確化

これらのあなたのプレゼンしたい内容を組み立てると「成功物語」になるでしょう。

それでは、ヒット映画の基本的な構造を基にひとつの具体例を見てみましょう。「製造業の2代目社長が、自社の工場を建てたいので、出資を金融機関にお願いするためにプレゼンをする」という物語です。

【メッセージ】
「弊社は伝統的な醬油製造業から一歩踏み出して、醬油を利用した調味料▲▲の販売を、

B国で本格的にスタートさせたいと思っています。現在、和食ブームもあり、醤油は世界的に人気が出てきております。増産に向けて新たに埼玉に工場をつくりたいと考え、ご融資をお願いしたいのです」

このワンメッセージから、次のように物語を紡いでみましょう。

①旅立ち

「先代社長である父は、醤油産業を興して、ここまでの会社に育て上げました。しかし、ここ数年はご存じの通り業績は下降気味です。わたしは海外に販路を広げるべきだと主張し、▲▲を開発してB国での販売を提案しました。しかし、父からは反対され、ほとんどひとりでB国でのテストマーケティングを開始したのです」

②試練

「最初はまったく見向きもされず、流通業者からも興味を持ってもらえない日々が続きました。やはり「味」が合わないのかと悩んだのです。そんな時、父からアドバイスをもらい、現地の主婦に相談したところ、テストモデルの問題点がわかりました。それは味ではなく容器の問題だったのです。容器を改良した▲▲はB国の家庭で人気を呼び、テストマーケティングでは高い評価をもらいました。評価については手元の資料をご覧ください」

③帰還

「テストマーケティングに成功し、B国の大手流通▲▲と販売契約を結ぶことができました。この製品を軸に、B国、そしてアジア全域に進出することを我が社の新たな目標としたい、と先代社長に相談した所、全力でバックアップしてくれるとの確約を得ました。今、我々に必要なのは、さらに増産できる体制なのです！　そこで……（以下、締めくくりに入る）」

いかがでしょうか。相手に「先を知りたい」と思わせる「成功物語」で、提案を魅力的なものにしていきましょう。

9 相手のタイプを分析した上で、最適な話し方とツールを使う

相手のタイプによって、やり方を工夫する

「シンプルなメッセージをひとつだけ発信」そして「成功物語を頭の中に描いてもらう」というのが、大切なステップだと述べました。しかし、世の中にはいろいろなタイプの人がいます。あなたの会社の上司や同僚を見渡してもそうでしょう。同じ「話す」にしても、その人に向いた「やり方」で話を進めたほうがいいことはわかりますね。

筆者の体験でも、「せっかちなオーナータイプ」に、事細かく話しても聞いてもらえないことがほとんどです。でも、ある種の官僚的な組織に向けては、詳細に、きっちりと資料を説明しないといけないことが多いです。

まずは、そのタイプを（持って生まれた性格はさておき）、経験値を基にして「プレゼンに関心があるかないか」「抽象的で情緒的なタイプか、論理的なタイプか」に分けてみて、それぞれを組み合わせて4タイプとしてみました（表6）。相手の心の中がわからなくても、あまり付き合いがなくても、このぐらいは相手のことを想像できるのではないでしょうか？

①プレゼンに関心が高く情緒的なタイプ

相手はすでに提案内容に興味を持っています。しかも、情緒的なタイプには、くどくどと説明を重ねて、かえってやる気をそぐようなことをせずに、ずばり、相手に**「成功イメージ」**を頭の中に描いてもらえればいいのです。

基本的にはシンプルなメッセージと共に「成功物語」を伝えるというこれまでの方針でいけば、確度は高いはずです。「成功物語」のフォローとして、何か**ビジュアルの資料**を付けるとさらにいいでしょう。つまり、「イメージ」で伝えると効果的なのです。写真、動画、イラスト、パース、ワンシートの企画書など、細かい資料ではなくて、**俯瞰で「成功物語」の「絵」を描いてもらえればいい**のです。

➡ 表6 相手のタイプを見分ける

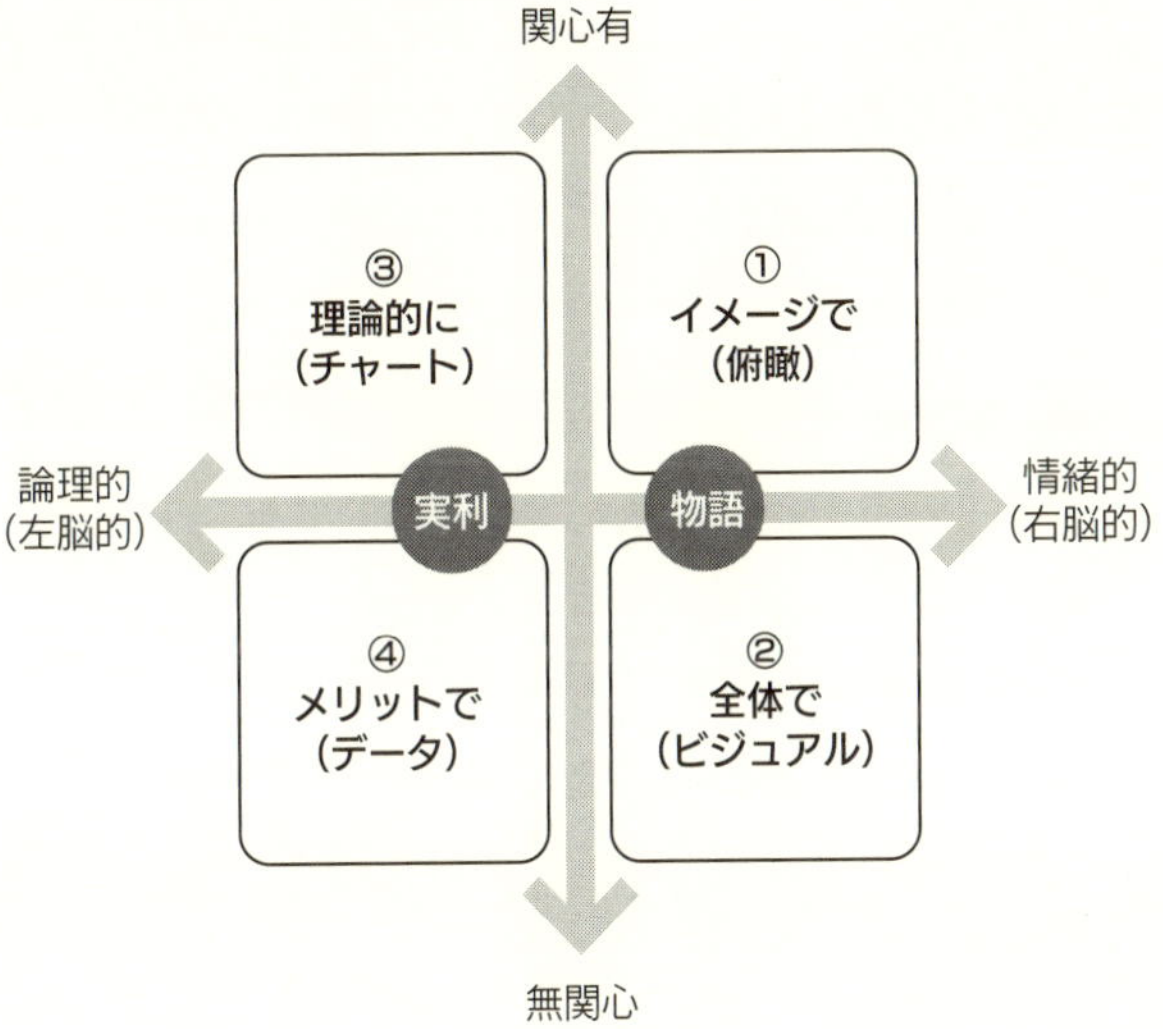

【話し方の例】

「○○社長が以前からお考えの、地元▲▲町の住民に喜ばれ、しかも、そのこと自体が御社の利益につながるというイベントの企画ができました」

②プレゼンに関心が薄く情緒的なタイプ

ある意味やっかいな相手です。情緒的に興味がないのですから、利点を説いても、なかなかその気になってくれないかもしれません。「うーん。なんか僕の考えているのと違うなあ」なんて言われると対処に困るのです。

そこで、このタイプにも、**ビジュアル**を使うといいでしょう。写真、動画、イラスト、パース、ワンシートの企画書などに加えて、**実際のサンプル製品や模型を見せたり、触らせたり**しながら、**「成功物語」の全体像**を感じ取ってもらうようにします。

【話し方の例】

「地元▲▲町の住民に喜ばれ、しかも、そのこと自体が御社の売上を伸ばすという企画の絵を描いてみました。どうしてそんなことが可能なのか、このイメージ画を見るだけでも見ていただけないでしょうか？」

③プレゼンに関心が高く論理的なタイプ

このタイプには**「実利」**を感じ取ってもらえればいいのです。「成功物語」にしても、イメージではなくて、具体的に、どこがどういうメリットを生むのか、きちんと説明できれば問題ないはずです。そのメリットを、わかりやすい**「チャート（論理図解）」**で説明できれば、かなり有望でしょう。

【話し方の例】

「御社の売上を▲▲パーセント伸ばすべく、販促イベントを考えて参りました。かかる費用は○○円ですので費用対効果から見ても有益ですし、地元の住民とのリレーションも深まると思います！」

④プレゼンに関心が薄く論理的なタイプ

やはり、このタイプにも**「実利」**を感じ取ってもらえるようにします。単なる「成功物語」では納得してもらえません。**「データ」**を示すことしかありません。競合のデータ、市場のデータなどきちんと調べた上で、**グラフ**などでロジカルに説明したいものです。このタイプへのアプローチはたいへんですが、やるやらないを明確に答えてくれるので、ある意味②のタイプよりありがたいです。

【話し方の例】

「御社の売上を▲▲パーセント伸ばすべく、費用対効果の高い販促イベントを考えて参りました。資料は別に揃えてありますが、まずは概要だけでも聞いていただけないでしょうか？」

⑤番外　さらに「ワンマンオーナー」タイプ

これら4つのパターンとは別の切り口で、筆者がよく提案先相手として対峙したのが「ワンマンオーナータイプ」です。

「せっかち」な方が多いので、「5分で納得プレゼン」は必至とも言えます。長いだらだらした提案は一蹴されます。たいてい、聞いてもらえません。

その代わり、**「俯瞰してものを見る」**ことに長けた方が多いので、前記の①②のパターンを意識して、シンプルな「一枚の絵」などを活用すると成功率が上がると思います。

⑥番外　さらに「熱血営業部長」タイプ

プレゼンの相手としては、オーナーばかりでなく、営業責任者であることも多いものです。営業責任者で、熱血タイプもやはり①②のタイプへのアプローチでいいと思いますが、この相手は、とくに**「誰かのためになる」「チーム全員が幸せになる」**などのキーワードを入れると成功率が上がります。

⑦番外　さらに「官僚」タイプ

プレゼンの相手としては、**組織型、官僚タイプ**の人が出てくることもあるでしょう。金融機関の人などはとくに多いようです。この場合、たとえある程度決裁権のある人でも即断即決でなく、持ち帰って検討することが多いのですが、そのためには**「多くの資料」**をつくらなくてはいけません。

むろん、「5分で納得プレゼン」自体は、シンプルなワンシートの企画書などでいいのですが、それはあくまでもサマリーとしてポイントだけ述べるようにして資料は別添、という形で進めるといいでしょう。④に近いかもしれません。

さて、これら「ビジュアル」や「チャート」などのツールのつくり方、使い方はどうするのか？ それは次の章の中で具体的に述べさせていただくことにします。なるべく、デジタルを使わない、しかも安価につくる方法を紹介しますので参考にしてください。

また、「5分で納得プレゼン」の3つ目のステップ、「クロージングを行なう」に関しては、次章9項目をご覧ください。

まとめ

■相手のタイプを考えて、プレゼン方法、とくに話し方を考えよう

①プレゼンに関心が高く情緒的なタイプ → ビジュアルなどのツールを工夫

②プレゼンに関心が薄く情緒的なタイプ → イラストやパース、サンプルなどの資料、ツールを工夫

③プレゼンに関心が高く論理的なタイプ → 論理図解などで説明を補足

④プレゼンに関心が薄く論理的なタイプ → データを基にロジカルな説明を工夫

4章

発信力を高めるヒント

1 メッセージの「魅せ方」をブラッシュアップする

メッセージや物語に図解を組み合わせると効果がアップする

ここまで、当を得たメッセージを「ひとつ」だけ発信し、成功物語を心の中に描いてもらうことが大事だと述べました。ここに、話だけでなく、ツールを組み合わせると効果がアップします。

「5分で納得プレゼン」では、長々と企画書を読んだりはしません（できません）。そのために使うツールの代表格は、「図解」です。それも、いくつも示すのではなくて、メッセージを発しながら、ひとつだけ示すのです。

図解といっても、大きく分けて次のような種類があります。

①論理図解
②数量図解
③ビジュアル（写真・イラストなど）

とくに、①②は、使う機会が多いものです。

①論理図解

長方形や楕円形、矢印などは、そのままだとただの「図形」です。そこに文字を加えて、ある意味や事象を表すように組み上げたものが「論理図解」です。こう言うと難しいようですが、次ページの表7～表9の事例をご覧ください。なんだ、よく見るものじゃないか、と思われるでしょう。

この「論理図解」を相手に見せながらメッセージを発するのです。

たとえば、「B国向けの醤油生産事業強化のために工場を拡大したいので融資をお願いしたい」といったようなメッセージでプレゼンする時に、事例のような「論理図解」を見せながら次のように述べます。

➡ 表7　資料①　B国市場開拓への成功イメージ

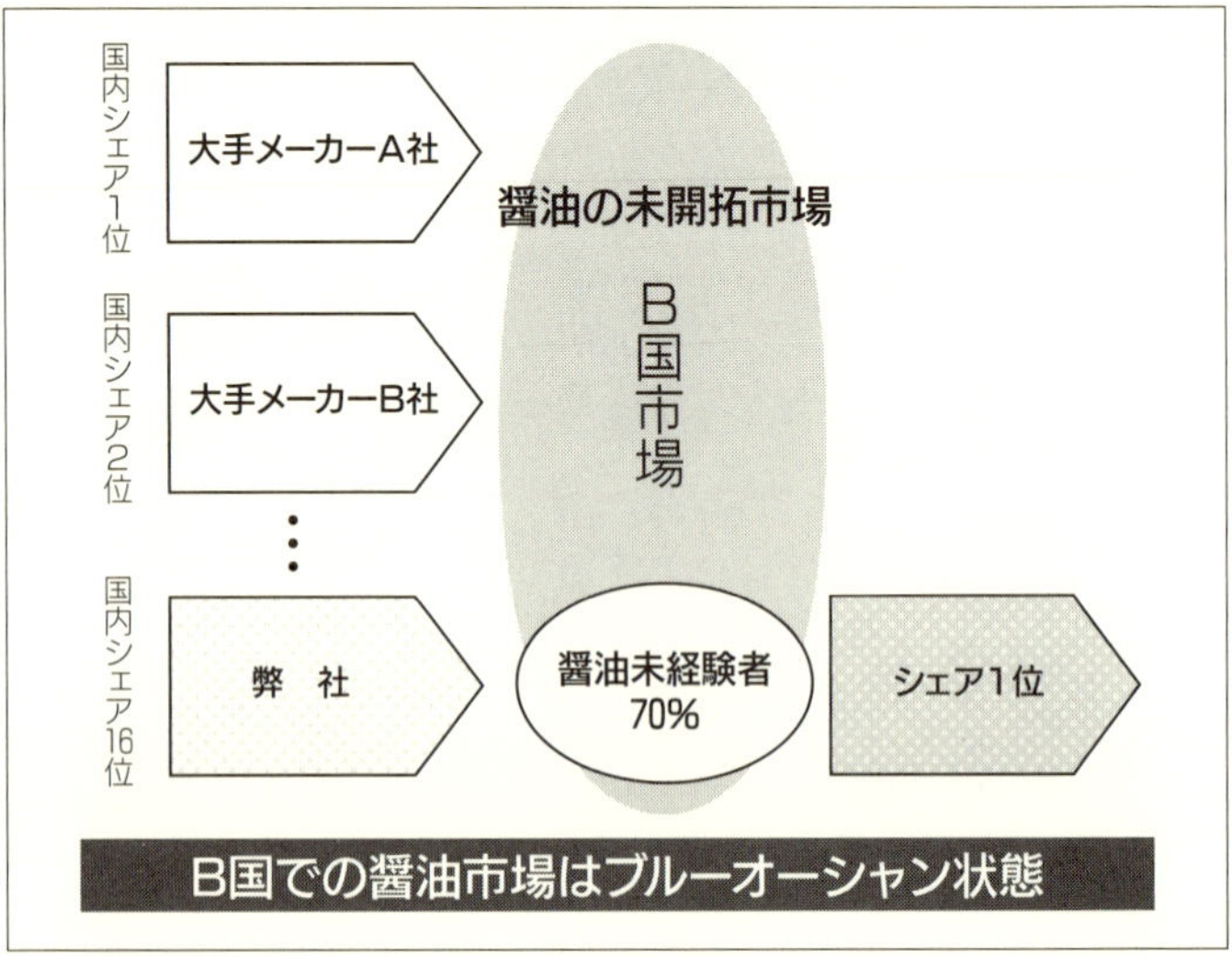

「弊社は我が国においてはシェアが16位という小さな会社に思われるかもしれませんが、B国におけるシェアは今のところトップです。しかもB国においては、醤油をまだ知らないユーザーが70%という未開拓市場、まさにブルーオーシャン※です。これから、この事業を伸ばしていくために、生産体制の強化は必須で、必ず融資をしていただいた御社には大きなメリットがあると考えます」

※ブルーオーシャン＝「ブルーオーシャン戦略」。競合相手のいない事業領域のことをいいます。

②数量図解

データを並べたもので、表組やグラフで

➡ 表8　資料②　事業がステップを踏んで成長していくイメージ

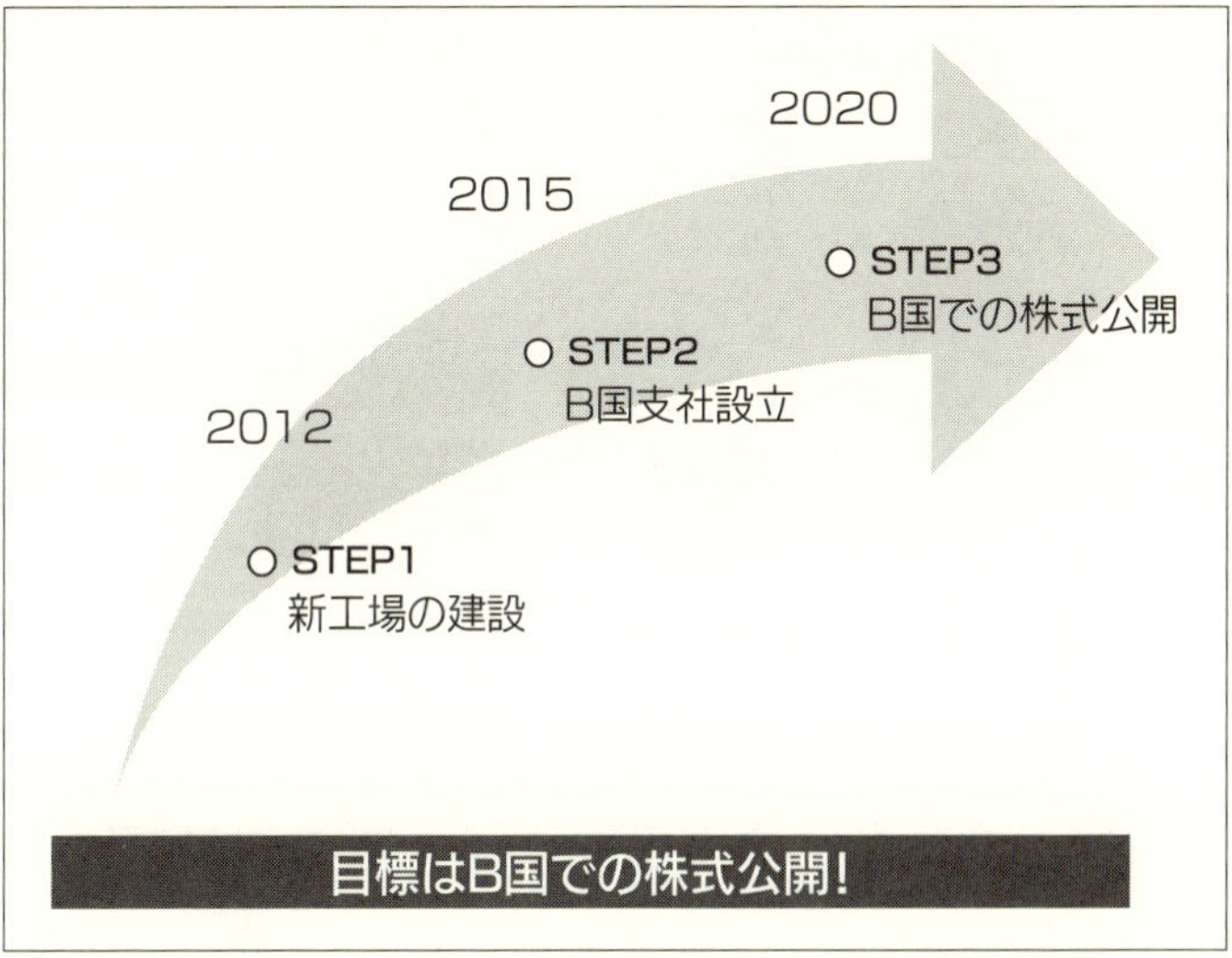

➡ 表9　資料③　事業が循環して継続していくイメージ

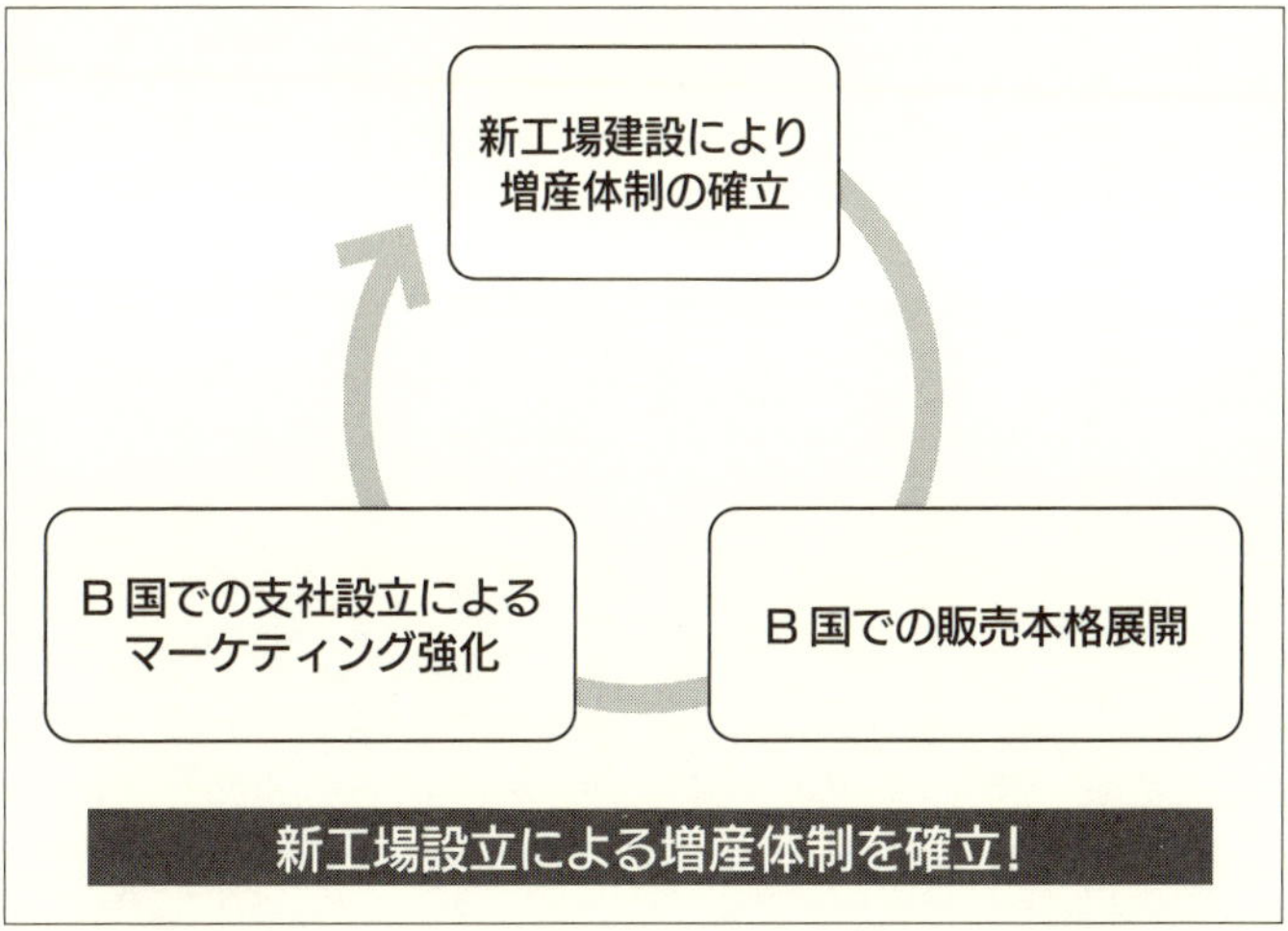

➡ 表10　資料①－2　B国市場の占有比率

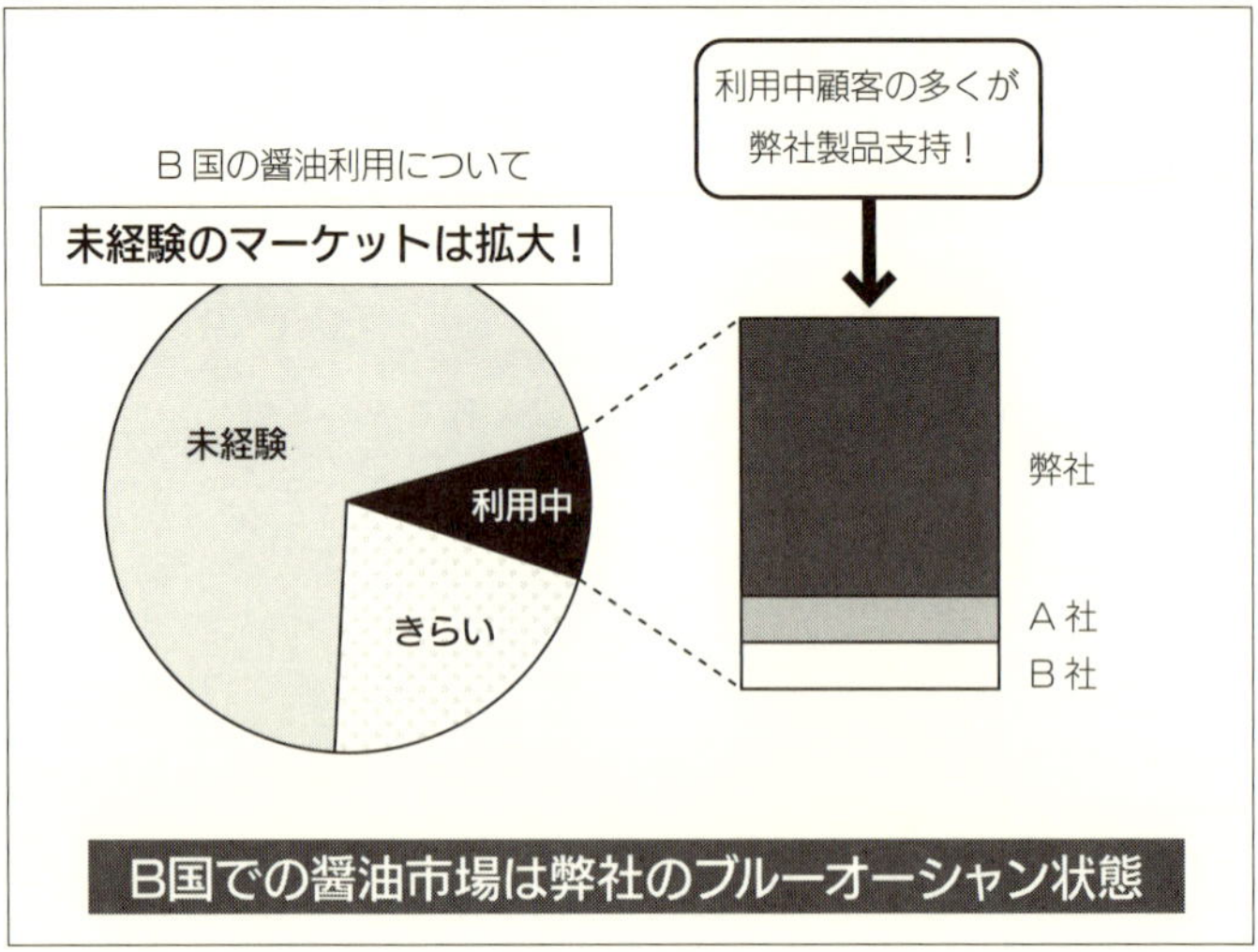

表されます。データを見せながらメッセージを発するのは効果的ですが、単なる数字の羅列を見せても、相手には伝わりません。そこで、事例（表10）のように、グラフに一手間かけて、メッセージを伝えやすくします。

たとえば、「B国向けの醤油生産事業強化のために工場を広げたいので融資をお願いしたい」といったようなメッセージでプレゼンする時に、「これから市場が広がると言えるのには、こういうデータがあるからなのです」などと、このグラフを見せながら、次のように説明するといいでしょう。

「B国において、醤油未経験のユーザーは

これほど多いのです。そんな中、すでに醤油を経験しているユーザーからは、我が社の製品が一番多くの支持を集めているという結果が出ています。B国は未開拓市場であり、ブルーオーシャンと言えます。これから、この事業を伸ばしていくために、生産体制の強化は必須で、融資をしていただくと大きな見返りがあると考えます」

③ビジュアル（写真・イラストなど）

「絵図解」と考えてください。イラストや、アイコン、写真などを使って、意味や事象を理解しやすくし、メッセージを発するものも図解の一種と考えていいでしょう。これらについては次項で説明します。

まとめ

■メッセージの発信、成功物語を頭に描いてもらうために、ツールを併用すると効果的。とくに図解
①論理図解
②数量図解
③ビジュアル（写真・イラストなど）

2 ツールを活用して「魅せ方」をブラッシュアップする

「写真」を使って説明をスムーズにしよう

前述したようにビジュアル、つまりイラストや写真という**「絵図解」**は、相手の理解を助けて、プレゼンをスムーズにするツールです。

もし、そのプレゼンが比較的大きな会場で、プロジェクターなどを使って行なうならば、画像をPowerPointやKeynoteを使って見せればいいのですが、時間のない時、しかも「小さなプレゼン」では、パソコンが立ち上がるのを待って、プロジェクターを準備して……なんてゆとりはありません。パソコンはもちろん、プロジェクターもなかなか立ち上がらないものです。そんなことをしている間に時間はどんどんすぎていきますし、それに見合った効果は疑問です。ですから、パソコンは意外と使いづらいと思ってください。

相手に資料写真を見せるのなら、**アナログなツールが一番**です。大きな文具店や画材屋さんで、大きめのブラックボードや「ハレパネ」のような粘着パネルに、見せたい写真やイメージ画を貼り付けて、相手にその場で見せるのが、一番手早く、効果的です。

写真だけでなく、イラストやパース図なども、同じように大きめのボードに貼り付けて見せればいいですね。

iPadなどタブレット端末を活用してみる

パソコンは意外に使いづらいと書きましたが、今、ｉＰａｄなどの**タブレット端末**が便利に使えるようになりました。これらのタブレット端末は、すぐ立ち上がりますし、携帯電話などに比べて見やすいサイズですので、写真あるいは動画などの資料を見せるのに向いています。どうしても動画などを見せたい時には、パソコンよりｉＰａｄなどのタブレット端末を準備していったほうがよいと思います。ただし、相手が1人か2人の時に限定されます。多くの人に見せるという用途には今のところ適していません。

ホワイトボードは、意外に使えるツール

前述した「論理図解」などは、プリントアウトして持って行くのもひとつですが、プレゼン本番に、**説明しながらホワイトボードに書き込んでいく**ほうが効果が高いこともあります。

プレゼンというと、印刷した企画書が決め手だと思っている人には驚きかもしれませんが、筆者はホワイトボードに書いたことで不利なプレゼンを切り返した経験があります。

とある会社の役員へのプレゼンだったのですが、どうも、先方のニーズと提案した企画がかみ合っていなかったらしくて、気まずい状況になってしまいました。これ以上企画書に頼ってプレゼンしてもダメだなと判断して、そこにあるホワイトボードに、「現状の問題点」を箇条書きにしました。

「これでいいですか?」と聞くと、「その通りだ」と言われたので、「それでは、これが提案したい内容です」と、図解をつくって見せた所、「それだよ」と、急にポジティブな雰囲気に変わったのです。

その後、無事受注できたのですが、決してきれいではない筆者の文字をホワイトボード

に書き出したことで、ようやく、問題点が共有できた上、相手の前向きな態度を引き出すことができたのです。もし、あらかじめ用意していった企画書だけにこだわっていたら、どうなっていたかわかりません。

ホワイトボードは、意外に突破口として使えますので、プレゼンをする場所にホワイトボードがあれば活用しましょう。また、その側でプレゼンするようにすると、さらにいいでしょう。ホワイトボードのない場所のために、大きめのスケッチブックや方眼紙を持っておくと、**「さっと書いて説明する」**のに便利です。

まとめ

- **ビジュアル、とくに写真はプレゼンに効果的**
- **パソコンとプロジェクターは立ち上げに時間がかかるので、アナログのボードなどを利用するほうが実戦的**
- **iPadなどのタブレット端末は、場合によっては写真や動画を見せるのに効果的**
- **ホワイトボードは本番で「使える」ツール**

3 「声」と「話し方」をブラッシュアップする

自分の声を聞いたことがありますか？

さて、ここからは、実際のプレゼンで発信力を高めるための具体的なヒントを述べていきたいと思います。まず、何といっても、前述したように、**「声」**と**「話し方」**をブラッシュアップするためにどうするか？　ということです。

自分の「声」というのは、生まれ持ったもので、努力してもしかたがないと思っていませんか？　そんなことはありません。前述のように「腹式呼吸」をまず意識することです。そして、何より「いい声で話そう」と自分に意識付けることです。

実際にプレゼンのリハーサルを行なってみましょう。それをＩＣレコーダーに録音して聞いてみましょう。おそらく、びっくりするほど、自分の声は「聞きたくない」ものになっていると思います。自分の耳で聞くのと、客観的に録音した声とは違います。しかし、その声こそが、あなたがプレゼンで話して、相手の耳に届く声なのです。

ボイストレーニングの専門書は多くあるので、ここでは専門的なことは書きません。まず、自分の声を客観的に聞き、「さて、どうするか」と一度考えてみるのが一番です。

そして、「話し方」もそれでチェックできます。

- **話しぶりがせっかちになっていないか？**
- **落ち着きのない甲高い声になっていないか？**
- **「しみ入るように」話したつもりだったのにイメージが違っていないか**

などということが、よくわかると思います。

そして、一番気づくのは「あの～」とか、「え～」という「口癖」です。こんなに自分は変な口癖を使っていたのかとびっくりします。それらに気づいて、直すだけでも、ずいぶん聞きやすいプレゼンになるはずです。

なお、専門的なボイストレーニングを受けたいという時には、たとえば、次のようなスクールに相談してみてはいかがでしょうか？　本来は歌手向けのボイストレーニングを、ビジネスパーソン向けに「ＳＶＴ（セールス・ボイス・トレーニング）」として教えているスクールです（オアシス・ボイス　http://www.oasis-voice.com/）。もちろん、全国にボイストレーニングの学校はたくさんあります。チェックしてみるといいでしょう。

共感を得る「話し方」をしよう

「ふだんから前向きで率直な姿勢の話し方をしましょう」と前述しました。もう一度整理してみます。これをふだんから習慣付けておくと、プレゼンでこのように役立ちます。

①「気持ちを開く」→自分のことをある程度オープンに話す

自分はどうしてこの提案を行ないたいのか、**正直に、共感を得るように**話します。あまり美辞麗句ばかりで語るより、ある程度本音も交えましょう。しかし、自分勝手な本音では共感を得られません。

×「これは自分の夢なんです。ぜひ協力していただけませんか」

×「この商品が売れないと、自分のノルマが果たせなくて困るんです」

これらの言い方では、「そんなのそっちの勝手だろう」と言われておしまいですね。もちろん、よほど相性のいい相手や、少々変わったクライアントであれば、泣き落としもいいかもしれませんが、ビジネスパーソンとしてはどうかと思います。

○「この企画によって、地域の人々、貴社の従業員、貴社の取引先、そして何より経営陣のみなさんに喜んでいただけるのではないかと、勝手ですが夢を描いてきました」

○「この商品をご提案することが、わたしの今期営業活動の締めくくりなんです。いい結果に終わらせたいと、今日は身支度を調えてやってきました」

②「傾聴する」→相手の意見をちゃんと聞く姿勢を示し、いったん受け入れた上で自分の意見を話すようにする

プレゼンは一方的に説明する場ではありません。現場では途中で相手が口を出してきたり、提案内容を否定するようなことを言われることもあります。筆者は比較的短気で、途中でムッとするようなことがあります。しかし、そこでムッとしてはいけないのです。

○「なるほど。おっしゃりたいことはよくわかります」
といったん受けて、
○「それでは、こう考えていただければどうでしょう?」
と、相手を否定せず返すのがベターです。

×「おたくの言っていることは違います」
×「それは勘違いです」
と、たしなめるような目線で言うと、大方の相手は嫌になります。たとえ相手におかしな言い分があったとしても、**「いったん受けてから返す」**ようにするのがベターです。

③「前向きな姿勢で」→場合によっては受け流し、前向きな方向に変えるように努力する

悲しいことに、プレゼンの現場では、わけのわからない疑問を投げかけてきたり、難癖をつけてきたりする人がいることがあります。そんな時は、**「受け流してしまう」**ことも必要です。でないと、時間ばかり取られて、肝心の提案の可否ではなくて、論点がずれてしまうこともあるのです。

○「なるほど。それはまた別の機会にさせていただいて、この提案の可否について論じていただけるとうれしいのですが、他のみなさんもよろしいですか？」
○「はい。おっしゃっている問題の検討は、また別にさせていただきます。本日のこのプレゼンの目的に戻らせていただきます」

と、何事もなかったかのように、話を戻してしまいましょう。この場合でも、おっしゃっていることはわかりました、といったん受けて、場を眺めて、本論に戻りますけどよろしいでしょうか？　という呼吸が必要です。

④「ダメな所は隠さない」→欠点や問題点は素直に認め、改善点を話す

正直、自社製品の性能が、一部他社の商品より劣っているとか、自分がこれから提案する事業には詰め切れていない課題があることは少なくありません。それらを隠さずに、「正直に申しますと……」と述べて、「しかし……」と対処法を述べましょう。

⑤「あきらめない」→何とかしたいという前向きな熱意を最後まで示す

プレゼンで一所懸命に話したけれど、どうも反応がよくない、興味を持ってもらえないことはよくあります。プレゼンに慣れていない人はもうそれで「もう……あきらめます」となってしまいがちです。

もちろん、どうあがいても無理というシチュエーションはあります。しかし、「一緒に働く相手としての自分も評価されている」のです。簡単に引き下がる前に、**「もう一度プレゼンする機会をいただけないでしょうか?」「どの部分を改善したらもう一度プレゼンさせていただけますか?」**などと次の機会をうかがう姿勢を見せましょう。

そこで、「しつこいかな……」なんて考えてはダメです。確かに、あまりにしつこいのは嫌がられますが、「何とか機会をいただきたい」という前向きな姿勢は常に示しておくべきでしょう。そういう姿勢を見せ続ければ、次のチャンスにつながります。

まとめ

- ■自分の声をICレコーダーに録音して聞いてみる
- ■腹式呼吸、話すスピード、落ち着きに注意
- ■「あの～」とか、「え～」という「聞き苦しい口癖」をやめる
- ■時間と金銭的余裕があればボイストレーニングを受ける
- ■「共感を得る話し方」をプレゼン時でも展開

4 「プレゼンの切り出し方」をブラッシュアップする

「ジョークで切り出そう」と考えると、たいがい失敗する

「小さなプレゼン」でも、多くの人を前にするプレゼンでも、悩むのは切り出し方ではないでしょうか？　映画で見たプレゼンのように、最初に気の利いたジョークではじめたら格好いいなと思い、ジョークから切り出すと、たいがい失敗します。気まずさだけが残ったりしますので、とくに初心者にはおすすめできません。

それなら、すぐ、「実は……」と本論に入って、メッセージを発信すればいいのでしょうか？　それではあまりに愛想がないと思われるような状況もあります。

プレゼンとは、その企画内容だけでなく、あなた自身の評価の場でもあると前に述べましたね。

ということは、先方が知りたいのは、あなた自身の「人となり」のわけです。むろん、直属の上司にプレゼンするなど、あなたをよく知っている人が相手なら別ですが、プレゼンでは**「あなたの体験談」から切り出す**のがよい策だと思います。

「体験談」から切り出すのがベター

もちろん、長々と自己紹介をするのではありません。自分自身のことを語ってから、それを、プレゼンしたい企画や商品、サービス、事業などにつなげることが目的です。

なんだか難しそう……と思いますか？　では、前述した物語のつくり方について思い出してみてください。

①旅立ち、②試練、③帰還

という構成でしたね？

最初に、自分がいつも仕事をしていて悩むこと、生活の中で不便だと思うようなことを述べて、解決してみようと思いついた（旅立ち）、というような説明をするといいでしょう。

次に、なかなか解決方法が見つからず、ずいぶん苦労したり、技術者とケンカしそうになったりしたという苦労話（試練）を述べます。

「ところが、意外なヒントが見つかったのです。それはすでに自社で数年前に開発されたもので、それをちょっと改良すれば、すばらしい解決策になることがわかりました（帰還）。さらに改良に改良を重ねた製品として、今回ご紹介したいのです……」

といった流れをひとつのベースとして考えてみてください。繰り返しますが、長々と述べてはいけません。また、できたら**「本当の体験談」**を基にすることです。**「演出して語る」のはOKですが、「ウソを語る」のはいけません。**とってつけたような体験談をしても、人生経験豊かなプレゼン相手にはすぐ見抜かれてしまいます。そうすると、プレゼンはほとんど終わりになってしまいます。自分の体験談を「旅立ち」「試練」「帰還」に演出して、プレゼンの本論に移りましょう。

まとめ

- **ジョークで切り出すのは失敗のもと**
- **「物語」を組み入れた体験談からプレゼンに入るのがベスト**

5 「ハロー効果」を活用して発信力をブラッシュアップする

何かの「権威」を借りて説明すると効果が上がる

相手にプレゼンする時、当然ながら、相手に強い関心を抱いてもらいたいものです。そんな時、**何か権威のあるものの力を借りて、自分の話に強力な後押しを加える**ことも考えなくてはなりません。その権威とは、著名な学者の学説、論文、弁護士や医者など専門家のコメント。または、そこまでいかなくとも、公的な資料（官公庁発表のものなど）、新聞記事などでも一定の効果があります。

このように、何かの権威を裏付けにして効果を得ることを**「ハロー効果」**、または「後光効果」と呼びます。いわゆる「後光が差す」という意味からきています。

たとえば、

×「筆者の調べによると、今後5年間でB国の醤油消費量は少なくとも15％伸びます」

○「B国国立食品研究所△△博士の調査によると、B国での醤油消費量は少なくとも15％伸びると発表されています」

この2つのどちらが相手に与える発信力が強いかを考えると、答えは明らかでしょう。プレゼンの時にその権威を伴って、その場で後押ししてくれるとよいのですが、そんなことはなかなか難しいですよね。であれば、言葉だけでなく、そのような裏付け資料を添えれば、かなりの後押し効果があることになります。

まとめ

■権威を借りて説明する「後光効果」を取り入れよう

6 「比喩」や「たとえ」を工夫して発信力をブラッシュアップする

相手がわかりやすい「たとえ」に直して説明しよう

プレゼンで、たとえば「用地の広さ」などを伝える時に、「1万平方メートルです」と言っても、相手がピンとこないかもしれません。そこで、身近にイメージしやすい建造物や施設などを「たとえ」として説明するとよいでしょう。よく使われるのが「東京ドーム●個分」という説明です。地域によっては「札幌ドーム」や「甲子園球場」などを使うこともありますね。

たとえば、東京ドームは面積約4万6700平方メートルですので、広さをたとえる時に、それで割れば東京ドーム何個分という表現ができます。もちろん約●個で十分です。

また、Ｇｏｏｇｌｅには、「電卓機能」「単位変換機能」という特別な機能がついています。たとえば「大さじ5をccで」と入力して検索すると、計算結果に「15cc」と表示されるのです。

同じように「1ガロンをリットルで」など、**なじみのない単位を、なじみのある単位に**変換してくれます。

ちなみに、「東京ドームを霞ヶ関ビルで」と入力すると、「1東京ドーム＝2・48霞ヶ関ビル」という楽しい変換結果が出ますが、筆者がいろいろ試した限り、あまり汎用性はないようです。

話がずれましたが、要はプレゼンで相手に説明する時に、「ややこしい単位」「わかりにくい数量」で説明するのでなく、「□□を●●個分」とか、「日本人の●%が昨年飲んだビールの総量の5倍」などとたとえを使うと、ぐっと理解されやすくなるのです。

●Ｇｏｏｇｌｅ電卓機能　http://www.google.co.jp/intl/ja/help/features.html#calculator

まとめ

■「東京ドーム●個分」など、相手がイメージしやすいたとえを工夫しよう

7 「ノンバーバル・コミュニケーション」を工夫して発信力をブラッシュアップする

話しながら両手で表現してみよう

「説得力ある『たたずまい』の演出③」の項目（65ページ）で、ボディランゲージ、つまり、ジェスチャーなどを使って説明する「ノンバーバル・コミュニケーション」が重要だと述べました。

ここまで読み進められてきたあなたは、プレゼンのことについて知識がついていると思いますので、ボディランゲージについて、もう少し考えてみましょう。

まず、一番やりやすい方法で、癖にするといいことは**「話しながら両手で表現すること」**です。これは、誰しもやっていることですし、子どもの頃は誰でもやっていたはずです。

「できあがる製品の大きさは35センチで、だいたいこのぐらいの大きさでしょうか？」と言いながら、手のひらを広げて、大きさを示してみます。35センチなんて、相手の頭に入りません。

「前の製品はもう少し大きかったのです。これぐらいですね（と言いながら手のひらを広げます）。それに比べて、今回の製品はひとまわり小さく、これぐらいになったと思ってください（と言いながら手のひらをちょっとせばめて見せる）」

この程度のジェスチャーですと、そんなに照れくさくないでしょう？

また、「それでは具体的なプランを3つお話しします」と言う時に、指で「3」を示してみてください。

3つだけなら聞いてやろう、と聞き手がイメージしやすくなります。

「それでは1つ目の案は……」（と言いながら指を1本示します）

「それでは2つ目の案は……」（と言いながら指を2本示します）

これぐらいの身振りでしたらできるのではないでしょうか。小さなジェスチャーですが、聞き手は頭の整理がしやすくなるのです。

相手が肯定しやすい話の時は、「うなずき」ながら話してみよう

相手が相槌を打つ、うなずくというのは、相手がポジティブになっていることを表すボディランゲージだと前述しました。つまり、**相手がうなずくように話を持っていく**のが効果的であるわけです。

プレゼンをしたことがある人ならわかるでしょうが、「場の雰囲気がネガティブ」な時には、なかなか打つ手がありません。逆に、**「場の雰囲気がポジティブ」**なら、非常に提案がしやすいものです。その**「ポジティブ」をつくるために、この「うなずき」を利用するる**のです。それでは具体的にどうすればよいでしょう。

提案先の会社の理念や歴史、経営目標、あるいは「社会的な流れ」「国の指針や法規制」など、オフィシャルな事柄を話すのです。

「御社はそもそも創業者の○○様が、地域の役に立ちたい、といって創業なさったと知りました」

「今、企業の環境に対する取り組み方は、経営面を左右しかねない大きな問題ですよね」
筆者は、そういう話から、アプローチに入っていったり、クロージング、つまり、提案のまとめに入っていったりすることが多いのです。

相手に話す時は、**自分もうなずきながら話す**ようにするといいでしょう。できたら、相手の顔を見ながら、「そうですよね。わたしもそう思ってます」という感じがベストです。
そうすると、どういうことが起こるでしょうか。相手も、あなたのボディランゲージにつられて、うなずいてくれることが多くなります。ボディランゲージは意思の表れです。そのボディランゲージを行なっているうちに、気持ちに変化が生じることもあります。うなずいているうちに、雰囲気が前向きに、つまりポジティブな場になってくるのです。

まとめ

- **両手で表現しながら話す**
- **「うなずき」「相槌」を効果的に使って場をポジティブに**

8 「ノンバーバル・コミュニケーション」を工夫して相手のメッセージを読み取る

「腕組み」や「よそ見」は望み薄

「ノンバーバル・コミュニケーション」、つまり、ボディランゲージなどに、相手の意思が表れると述べました。人間は無意識に、自分の意志を「態度に出してしまう」ということは、ネガティブな反応も態度に表れるわけです。

相手があなたの提案に興味がない時、つまり「場がネガティブ」な時には、

- 腕を組む
- よそ見をする
- 体・姿勢をナナメにする

などのボディランゲージに表れます。そんな時は、なかなか「5分で納得プレゼン」というわけにはいきません。そのまま、プレゼンを続けても、あまりいい結果を生むとは思えないです。しかも、そんな時にはなかなか巻き返せないものです。

対策は次の2つしかありません。

- **何とか場をポジティブに変化させる**
- **無理に押すのはあきらめて、何かを残して次回につなぐ**

では、どのように行なうのでしょう。

❶何とか場をポジティブに変化させよう

できたら、簡単にあきらめずに、「場をポジティブ」に変化させることを試みたいですよね。筆者が試したいくつかの方法をご紹介します。

①自分が動く

前述のように、ホワイトボードに要点を書き出したり、新たに資料を配ったりして、「動き」を起こします。そういうピンチの時のために、**「隠し玉」としての資料**を持っておくのもいいでしょう。「隠し玉」としては、「御社だけの特別なサービス」のようなものが一番いいのですが、そんな気の利いたものが準備できない時には、他社の導入事例でも何でもいいのです。とにかく、**「雰囲気を変えるためのもの」**です。

②相手を動かす

相手がどっしり腕を組んで、「ネガティブ」な雰囲気を出し続けている時には、あえて、相手に動いてもらうというのも手です。サンプルを用意しておいて、「ちょっと触っていただけますか?」「見えにくい人は申し訳ないのですが、ちょっとこちらまでお寄りいただけますか?」と、**相手を動かすようにすると、雰囲気が変わる**ことがあります。

③リリーフを求める

思い切って、プレゼンターを変えると雰囲気が変わることがあります。つまり、自分ではダメだなと思ったら、同行する上司や同僚にリリーフを仰ぐのです。「すみません、ここから先、技術的なことは○○に説明してもらいます」と、**人が変わると、いい影響が出る**ことがあります。もちろん、事前に、「そういうことがあったらお願いします」と下打ち合わせしておく必要があります。

しかし、プレゼンが難航しそうかどうかは、ある程度予測がつくと思います。そんな時は上司にお願いしておくのも手です。


こうやって、いろいろ試してみても、どうしても、「場がネガティブ」な状態は変わらない。その時はしかたがない、**最後までやるだけやって、撤収する**だけです。しかし、ただ撤収するのはもったいないです。いくつか、撤収の時の話し方を紹介しておきますので、場面に応じて使ってください。

「今回はプレゼンの機会をいただいてありがとうございました。本日いただいた課題を改善して、また提案に伺わせてください」

「本日はお時間をいただいてありがとうございました。時間切れということで、説明がすべてできませんでしたが、後で、本日の提案書と資料をメールでお送りしておきますので、よろしければお読みいただけないでしょうか」

「本日、わたしが説明し切れなかった部分について、また後日、上司の○○から説明させていただく機会をいただけませんでしょうか？」

つまり、「ぷつっ」と関係を切ってしまわないで、後で再挑戦できる土壌をできるだけ残しておくのです。

「ノー」を言わなくてはいけない時もある

プレゼンをして、どうしても相手の条件と合わない時もあります。いろいろ条件を提示されて、「それはどうしてもお受けできない……」という時には、お断りをしなくてはいけません。できないことを受けて、後で大きな問題にするわけにはいきません。

そんな時、次のどちらが相手にいい印象を残すでしょうか?

（無表情に突っ立ったまま）「すみません。できないのでお断りいたします」

（頭を抱えて、その後両手で顔を覆い、意を決して前を見て、困った顔をしながら）「本当に残念なのですが、そこまでお応えできる権限を、わたしは持ち合わせていないのです。できたら、上司に相談したいのですが……。もし、どうしてもこの場で決断せよと言われたら、たいへん残念な結果になってしまいます。このような結論は弊社も望まないですし、御社にとっても、プラスではないと思うのですが……」

多少大げさに見えるかもしれませんが、**「ノンバーバル・コミュニケーション」を活用して、しかも、前向きな話し方で対応している**後者を評価したいと思います。

もし、相手がかなり無茶なことを言っているなら、そこまで丁寧に答えなくても……という意見もあるかもしれません。しかし、その場にいるすべての人があなたの対応を見ています。後に、それを見ている誰かに提案することになることもあるでしょう。

その時「一緒に働きたい相手」として、相手の印象に残るのはどちらでしょうか？　多少「断り」や「無関心」という対応をされても、最後まであきらめずに、ぎりぎりの妥協点を前向きに見つけようとしている姿こそ評価されると思います。

まとめ

- 相手のネガティブな反応を察知したら巻き返しを考える
- 「自分が動く」「相手を動かす」「リリーフを求める」などで場をポジティブに変える努力をする
- どうしても撤退せざるを得ない時にも前向きな話し方をする

9 クロージング力をブラッシュアップして決定率を高める

「クロージング」を知りましょう

まず、「クロージング」という言葉を覚えてください。要は「プレゼンの締めくくり」であり、営業であれば、「どうでしょうか？ お買いになりませんか？」と詰める場面でしょう。もちろん、その詰め方はさまざまで、「お買いになりませんか？」というクロージングでは成功せずに、「どうしますか？」と言って、選ぶ側にボールを投げてしまうというセールスの達人もいます。

また、営業ではなく新規事業の提案でも、新商品の開発の提案でも、要は「どうか決裁を下ろしてください」と「ぐっと詰め寄る」ことがクロージングだと理解していただければいいでしょう。

「ぐっと詰め寄る」ことをしない限りプレゼンは終了しませんし、成功もしません。「5分で納得プレゼン」の最後には、相手に決裁をお願いする場面が必要です。

理想的には、ここにくるまでのあなたの説明や、提示された資料に納得して、提案先が「決裁する気満々」の状態でいてくれることです。しかし、どんなに決裁する気満々であったとしても、条件に合わなければプレゼンは通りません。いや、やる気はあったのに、最後の不用意なクロージングでダメにしてしまうこともあり得ます。

これは、プロポーズのような男女間のやり取りに似ていませんか？　せっかく相手からOKが出そうだったのに……。そこでぐっと詰め寄れば了解したかもしれないのに……。

そこでクロージングの技術をいくつか覚えておくとよいと思います。クロージングの技術というと、セールステクニックでいろいろなものが紹介されていますが、そんな難しいセールステクニックを覚えることはないでしょう。大きくは次の3つで十分です。

①「特別」「限定」ということを訴える

これが一番考えやすい方法でしょう。よくスーパーの店頭で見かける「限定●●個！本日限り！」「タイムサービス！　15時から1時間限り20％割引」というセールスのことです。

・期間を区切って、「御社にだけ値引きをします」とクロージングする
・期間を区切って、「御社にだけ特別なサービスを付加します」とクロージングする
・その他「御社だけにしか提供しない」ということをアピールしてクロージングする

つまり、価格面での特別扱いか、サービス面での特別扱いをするので、「ここで決めていただけないか？」とぐっと詰め寄るわけです。大事なのは期間を区切ることです。いつでも値引きしている、いつまでもサービスしてくれるということでは、提案する側の負担が大きいばかりだけでなく、安く見られてしまうでしょう。また、期間を区切ることにより、「弊社も年度末でして、▲月▲日までにお返事いただければ、この割引を提供いたします！」と、相手の返事を促進する効果も期待できます。

「サービスを提供する」というやり方についても、メンテナンス契約を通常より延長するとか、アフターサービスを無料にするという方法もありますが、「御社のプロジェクトのために専任チームをつくります」や、「弊社の▲▲分野ではスペシャリストと言われている○○を、貴社専任として担当させます」などと、「人」を前面に出す方法もあるでしょう。「そこまで我が社のことを重要視してくれるのか」という印象を与えられます。

また、「この新製品は御社に最初に案内させていただきましたので、特別に……」という、**「ファーストルック（優先権）」**を匂わせる方法も、場合によっては使えると思います。「他に持って行かれたら困るな」という印象を、それとなく与えるわけです。

②大きく提案して、小さくまとめる

最初から苦労しそうなプレゼンもあります。しかし、苦労しても、その企業と何とか取引を行ないたいという場合も少なくありません。

筆者の会社がいい例で、名前もブランドもない零細に近い中小企業ですから、常に新規のお客様にプレゼンしていかなくてはなりません。しかし、相手は大企業で、取引口座を開くことすら難しい場合もあります。こんな時は、大きな成果を求めるのではなく、まず、「取引口座」を開いてもらう、小さくてもいいから取引をはじめてもらうということに狙いを定めます。しかし、そんな気持ちが見え見えのプレゼンは、だいたいうまくいきません。つまり、最後は小さくまとめてもよいけれど、提案自体も小さくなってしまっては、自社の強みや、企画の優位性が相手に伝わらないわけです。

ですから、ふつうに提案し、**「全部でこれだけの予算がかかります」**と、**目いっぱいの**

予算を提示します。「しかし、まだ弊社には実績もありませんので、貴社から見るとご不安でしょう。まずは、この実地調査の部分だけやらせていただき、その結果を見てご判断いただけませんか?」と、**相手の心のハードルをぐっと下げて**、「それぐらいなら、我々だけでも決裁できるかなあ……」というセリフを引き出すわけです。うまくいって、「じゃ、全部お願いするという前提で、まずは実地調査からお願いしましょうか?」というセリフが引き出せればもう万々歳ですね。

③小さくいろいろ提案して、その中から選んでもらう

相手の反応が見えにくい時もあります。本当は、相手のニーズや求める予算などを的確に把握できればいいのですが、それができないまま、プレゼンに向かうこともあります。そんな時に、やたら大きな提案をしても、見当違いになる確率が高いです。かといって、小さな提案だけをして、「なんだ、その程度か」と言われてしまうと面白くないですね。

そんな時は、**提案の内容を小さく分けてみます**。そして、基本的な提案ではいくら予算がかかります。これにオプションとして、こういう案を準備しています……と、いろいろ並べて提案するのです。よく、パソコンの通信販売の見積りで、一番基本的なセットをとても安く訴求しています。しかし、詳しく見てみると、それだけではちょっと性能が低い

ので、メモリーを増やしたり、ハードディスクを大きなものにしていったりしていくうちに、だんだん価格が上がっていってしまいます。これと同じようなやり方で、相手に選ばせるわけです。そして、相手が選んだ所で、クロージングが成立するという方法です。

これらクロージングで大切なことは、「何としても売ろう」「どうしても決めてほしい」という感情が先走らないことです。とくに、営業担当で、数字に追われている時は、なかなかそうはうまくいきませんが、そんな雰囲気は決してプレゼンにプラスになりません。**「自信を持ってすすめるけれど、決めるのはそちらです」**という態度でのぞむことです。

まとめ

- クロージングとは「ぐっと詰め寄る」こと。プレゼンの最後にもらう答え
- すぐ使えるクロージングのテクニック
  ①「特別」「限定」ということを訴える
  ②大きく提案して、小さくまとめる
  ③小さくいろいろ提案して、その中から選んでもらう

10 「プレゼンを受ける側」の考えを知る

決裁を下ろす側にも、実は大きなプレッシャーがある

ここまでは、「どうやって『5分で納得プレゼン』を行なうか」ということを、「プレゼンする側」に立って説明してきました。もちろん、本書においては、それこそが中心なのですが、ここで、ちょっと「プレゼンを受ける側」の立場に立って考えてみましょう。

筆者も経営者のはしくれなので、プレゼンを受ける側に立つことがあります。しかし、選択して、決裁を下ろすというのも、これはなかなかたいへんなことなのです。そのために、限られた予算を使うのですから、もし、失敗したら経営に痛手です。別に経営者でなくとも、普通の企業人であれば、プレゼンで選択して、それが失敗すれば会社に損失を与えることになり、自分自身の評価にも関わります。

しかも、いそがしくて時間がない。そんな時は、シンプルなメッセージで教えてほしい、そしてそれがどんなメリットとデメリットがあるのかを正直に教えてほしいという気分になります。では、どんなメッセージが、「選ぶ側」としてはありがたいのでしょうか。

ここに『もうひとつのプレゼン——選ぶ側の論理』（野口恭平著　インプレスジャパン）という書籍があり、このようなことが書いてあります。著者は大手自動車会社の方のようです。

「筆者の場合は、3つの視点から検証している。ひとつは、『そのメッセージに提案性があるかどうか』（中略）2つ目は、『メッセージが商品の価値と合致しているかどうか』（中略）そして最後が、『他社商品にあてはまらないものかどうか』」

こちらで書かれているメッセージとは「広告メッセージ」のことなので、すべての読者にあてはまることではないかもしれませんが、この3つのポイントは、確かに認識しておいたほうがいいことだと思います。

1つ目は**「提案性」**。つまり、**「こちらに向けて提案してほしい」**ということでしょう。あたりまえのようなことですが、提案と言いながら、独自性のない、単なるルーティンの営業文句だったり、こちらのメリットやデメリットのことをきちんと述べていなかったりするプレゼンだとがっかりしますね。

2つ目は、とくに広告のことですから、こういう述べ方をされているのだと思いますので、言い換えると、**「こちら（提案される側）の事情をちゃんと理解した提案になっているかどうか」**ということだと思います。

3つ目がかなり重要だと思うのですが、**「ちゃんと差別化されているのかどうか」**ということだと思います。提案される側も、他社と熾烈な競争を繰り広げているので、競合他社に向けたものと同じような提案をされては困るということでしょう。

まとめ

- **プレゼンを受ける側の視点も参考に**
- **「メッセージに提案性」「提案される側の事情を理解」「差別化」がポイント**

11 平易な表現・用語を使う

専門用語を使わず平易な説明を心がけよう

この書籍を読む方は、さまざまな業界のいろいろな職種の方がいらっしゃると思います。そうすると、**専門性の高い商品やサービスについて、「専門用語」が使われることが多い**でしょう。また、**「なじみのない横文字言葉」**を連発するようなことも、プレゼンの現場ではよくあります。


たとえば、ITの業界ではよく耳慣れない言葉が使われますよね。

「弊社のコンピュータ・システムは高い可用性を誇ります」

「可用性ってどういうことだかよくわからないんだけど……」

「アベイラビリティのことです」

冗談のようですが、こんなプレゼンをされても、ＩＴ知識がある程度高い方でないと、理解するのがたいへんでしょう。もちろん、プレゼンを受ける側の担当者は理解してくれるかもしれませんが、その担当者は上長に決裁を仰がないといけないのです。上長がわかるように説明しなくてはいけません。平易な言葉でプレゼンしてくれれば、社内で説明するときにも便利なのに……と思うことでしょう。

「弊社のコンピュータ・システムは、壊れにくく、修復速度が速い『可用性が高いシステム』という評価をいただいています」

などと説明すれば、プレゼンされるほうも社内で説明するのがずいぶん楽でしょう。

略語もなるべく控えよう

同じように、「略語」もできるだけ控えたほうがいいでしょう。たとえ、業界でよく使われていたとしても、耳慣れない人は、その言葉を聞いて、理解しようとするだけで頭を使ってしまいます。つまり、プレゼンを聞いているのが苦痛になります。

たとえば、「今回の震災において、各企業でBCPを立案しておいたり、DR対策の必要性が……」などと述べても、わかる人にしかわからないですし、わかっている人でも、「うん？　それって何だっけ？」と一瞬考えることが負担になるのです。

ちなみに、BCPは「ビジネス・コンティニュイティ・プランニング」＝「（不測の事態に対応する）事業継続計画」のことです。DRは「ディザスタリカバリ」＝「災害からのシステム復旧対策」のことですが、どうしても、その用語を使いたいときには、最初に明解に説明しておくべきでしょう。

これら、ある程度認知された略語はまだいいのですが、たとえば筆者が、「今日のテーマは『5分で納得プレゼン』です。『5分で納得プレゼン』を『5NP』と呼びますのでよろしく」と話し出したとしてください。その後、『5NP』と聞くたびに「何だったたっけ？」と考えなくてはいけません。そんな、その場限りの略語をつくって、無理矢理、省略するような説明はやめておいたほうがよいでしょう。

同じように、ある企業、ある会社にしか使わない用語を無意識に使っていないか、チェックをしたほうがいいです。筆者にも同じような失敗がありました。かつて所属していた会社はクライアントのことを「S」と呼んでいたのですが、その会社を辞めてから、うっかり商談の時にそれを使ってしまって、相手にも、同僚にもけげんな顔をされたのです。たいへん失礼なことでした。

まとめ

■提案される側のことも考えて、なるべく専門用語や略語は避けて、平易な言葉でプレゼンする

■どうしても長い用語で短縮して使いたいときはあらかじめ説明を

■自社でしか使わないような用語は使用厳禁

12 一貫した表現・用語を使う

プレゼン中は表現・用語を統一しよう

たとえば、「事業管理システム」が、資料の中では「資料管理ソリューションシステム」になっている。あるいは、口頭で、最初「事業管理システム」と述べていたものが、途中から「JKシステム」と呼び方が変わってしまっている……。極端な例ですが、これに近いことはよくあります。説明している当人はあまり気がつかないものですが、聞いているほうとしては「?」となってしまいます。

とくに、**先方の商品名や固有名詞などについては細心の注意を払います。**

また、「弊社」「小社」「当社」、または「御社」「貴社」などの使い分け、「わたし」「わたしたち」「わたしども」などの呼び方にも統一するように留意するようにしましょう。

ちなみに「当社」というのは謙遜していませんので、プレゼンの場では「弊社」と統一しておけばとくに問題はないでしょう。また、相手方のことは「御社」でよいでしょう。「貴社」は主に書き言葉で使います。

相手が株式会社でない場合、たとえば銀行なら「御行」とか「貴行」などと正式な呼び名があります。あまり神経質になる必要はありませんが、正式な呼び名は、事前にネットなどで調べておいて、頭に入れておくといいでしょう。

ちなみに、筆者が自分自身の会社でプレゼンするときは、「わたしども」という言い方をします。それは、小さな所帯であり、より「チーム」としてあたらせていただきたい、という意志を伝えたいので、堅苦しく弊社と呼ぶより「わたしども」と話したほうが柔らかくていいと感じているからです。

呼び名、用語のことは、ある程度マナーさえ意識すれば、これが正解でこれはアウトというものはないと思います。要は、統一感があればいいのです。

まとめ

- 口頭や資料で述べる用語や呼び名は統一しよう
- 「弊社」「わたしども」など呼び方も統一し、マナーに気をつける

13 もっとプレゼン自体に「場慣れ」して発信力を高めよう

「場数」を踏むのも大切なこと

ここまで「5分で納得プレゼン」についての必要な技術と、さらに本章では、その技術をブラッシュアップさせるためのヒントを述べてきました。しかし、プレゼンにはやはり**「場数」を踏む**ということも求められます。いつも、営業現場にいるような人ならまだしも、そんなにプレゼンの経験がないという人は、「人前で話す」ということを、ある程度経験をしておいたほうがよいかもしれません。

そのためにおすすめしたいのが、**「勉強会」など、私的なセミナーでの講師として登壇すること**です。「自分が講師なんて、とんでもない」と思われるかもしれませんが、そんな大げさなものではなく、たとえば、「Facebookの勉強会をやろうよ」とか「電子書籍についての勉強会をしませんか？」などと、興味のある分野で、友達や有志、知り合いなどで勉強会を開くのです。そこで、講師を持ち回り制にして、自分が発表する機会をつくります。

これだけでも、十分いい経験になるはずです。どんな親しい仲間同士であっても、人前で話すということは、プレゼンの場とそんなに変わりません。どんな準備をしていけばいいのか、どういう話し方をすればいいのか……。自分のプレゼンを工夫したり、反省したりするきっかけは、そういう「場」でないとなかなかできません。

まとめ

■自ら「人前で話す場」を多くつくり、「場数」を踏むのも大切

14 「質疑応答」はピンチでもありチャンスでもある

「質疑応答」を前向きに乗り切るために

プレゼンで、ある意味一番怖いのが質疑応答です。リハーサルを行ない、ある程度想定質問事項を検討してきたとしても、予定外のきびしい意見がぽんぽん出てきます。「小さなプレゼン」では、質疑応答どころか、プレゼンの途中で、どんどん口を挟まれてしまうでしょう。

プレゼンが苦手な人、どうもうまく運べない人の中には「この質疑応答が嫌でしかたがない」という方も少なくないと思います。そのためにはまず「準備」するしかありません。提案先から想定される質問をあらかじめ考え、こう聞かれたらこう答えるという準備をきっちりしておくことが第一です。

たいがい、「質疑応答」には、「欠点」や「デメリット」に関する質問が出るものです。**「欠点」「デメリット」については、隠さず、正直に答える**べきです。しかし、それも事前に考えておいて、「こういう至らないところはありますが、メリットと言えるところもあります」とフォローできるように準備しておきたいものです。

「質疑応答」というより要望のような質問が出ることがあります。「イベントを三日ではなく2日に短縮した場合、予算はどう変わりますか?」など具体的なものなら、その場で対応できます。

「予算がそこまでありません。何とか●●万円でできませんか?」これは質疑応答というより、もはや要望ですが、よく出る意見です。これは事前に想定して、どこまで譲歩するか、あるいは譲歩しないか、返答のしかたを検討しておけばいいですし、その要求幅が想定していないものであれば、その場に上司がいたらヘルプをお願いし、上司も決裁できないようであれば「**いったん持ち帰りますが、できるだけ努力してみます**」と答えればよいのです。

問題は、こちらの提案内容に誤りがあった時です。これは間違いが本当なら率直にお詫びして、プレゼン内容に大きな影響がないようなことであれば、「その点についてはは失礼しました。訂正いたします。しかし、提案全体についてはいかがでしょうか?」と対応して踏みとどまりましょう。

理不尽な質問で困っても前向きに対処しよう

110ページで述べたように、まったく建設的でない質問が飛び出すことがあります。「そもそも、そんな企画は、誰も面白いと思わないいんじゃないの?」というような、主観的で感情的な意見が飛ぶこともあります。ちゃんと提案先の意見を聞いた上で、誠実にプレゼンしたにもかかわらず、理不尽としか思えない内容の時は困ります。

本当に面白くない企画であれば、それはしかたありませんが、そうだとしても、あまり大人の意見とは言い難いですね。これはもう、やりすごすしかありません。「いえ、わたしどもは十分調べた上で提案しているのですが、お気に召さないでしょうか?」と言って笑ってくぐり抜けましょう。

提案先に常識的な人がいれば、「ちょっとそれは」とたしなめてくれるでしょうし、先方の責任者がそういう理不尽な質問を仕かけてくるようでしたら、それはそういう提案先であるということで、あきらめるしかありません。それでプレゼンに通らなくても、必要以上に責任を感じることはないでしょう。プレゼンを通すための本書なのにこういうことを言うのはおかしいかもしれませんが、**100回プレゼンして100回通るなんてことはありません。**うまく行かない時のほうが多くあります。

忘れてはいけないのは、プレゼンの場で多少理不尽な目に遭ったとしても、それに切れて怒ってしまったり、へこんで落ち込んだりしないで、前向きの姿勢でたたずんでいるということです。

人生訓めいたことを言いたいのではありません。**「プレゼンの場」で、理不尽なことを言われても毅然としている「あなたというビジネスパーソン」を、みんな見ているのです。**そして、そんなビジネスパーソンには、またチャンスがくるのです。

「質疑応答」は本音をぶつけ合う場であり、チャンスとも言える

少しネガティブなことを述べてしまいましたが、そんなに理不尽なことばかり言う人はあまりいません。ふつうのビジネスパーソンは誠実に対応してくれるものです。しかし、

きびしい意見が出てくるのはしかたないのです。

提案先も自分たちの生活がかかっているからです。ですから、本音をぶつけ合う場として逆に、相手の本音を聞き、親しくなるチャンスととらえるほうがポジティブでしょう。

そう思うと、プレゼンの場というのは、**自己を磨く真剣勝負の場**と言えます。真剣勝負の場を何度も経験した人間は、それだけで評価に値するのではないでしょうか？　プレゼンの場はその一回で終わって、通ったりダメだったりしても、あなたのビジネス生活はずっと続いていくのです。プレゼンの場で自分の価値が少しずつ高められていくと考えればよいのではないでしょうか？

まとめ

- **プレゼンの場で多少理不尽な目に遭ったとしても、それに切れたり、落ち込んだりしないで、前向きの姿勢でたたずんでいよう**
- **プレゼンの場というのは、自己を磨く真剣勝負の場**

5章

実戦でのプレゼン 流れとポイント

1 オリエンテーションでは

すべてはオリエンからはじまる

プレゼンの前に、プレゼンを受ける側が、企画意図を説明するのがオリエンテーションです。略して「オリエン」とも言います。大きなプレゼンでは、プレゼンに参加する会社が集められ、どうして企画を募集するのか、説明を受けることが多いです。そこでは、予算、時期、解決したい問題などが説明され、それをまとめた資料が「オリエン・シート」です。

そのオリエン内容と、そこで渡されたオリエン・シートの内容を検討して、プレゼンに向かうことになるのですが、多くのビジネスパーソンが行なう「小さなプレゼン」では、そのように、「改まったオリエンの場」などはないでしょう。

営業担当なら、得意先の担当者に呼ばれて、「おたくの会社でこういうことできないかな?」と相談されて、こちらから、「予算は?」「時期は?」などといろいろ聞き出して、提案するという手順になります。

社内の開発会議などに出す場合は、事前に決まったテーマが与えられていると思います。たとえば、「もっと営業を支援できるような顧客管理システムを導入したい。その予算を役員会で獲得したいのでプレゼン資料をつくってくれ」など、明快な目的が与えられるはずです。それが「小さいプレゼン」でのオリエンと言えます。

プレゼンで一番失敗しやすいのは、「相手が求めていたことに答えていない」ということです。プレゼンは、オリエン、つまり、**相手の意図を正確につかみ取ることからすべてははじまっており**、ある種の「取材力」が必要です。オリエン・シートなどないプレゼン、取引先の担当がぽろっともらした「こういうことに困っているんだけど」という言葉から導き出す提案など、**相手から、「本音」をきちんと聞き出しておく**ことが、何にも増して、まず求められるのです。

「根回し」と言うと、悪く聞こえるかもしれないが……実は大切なこと

では、相手の「本音」をきちんと聞き出すにはどうしたらいいのでしょうか？　相手の説明を聞いて、それだけでよし、とするのでしょうか。

たとえば、「もっと営業を支援する顧客管理システムをつくりたい」といったセリフの裏に、どういう事情が潜んでいるのでしょう。ひょっとして今使っているコールセンターのアウトソーシング先に満足していないとか、営業担当のリテラシーが低くて、なかなか情報端末を使いこなせないとか、「実を言えば」という事情があるかもしれません。いや、おそらくあるでしょう。

そういう「本音」や「裏の事情」を聞くと、プレゼンは一気に有利に傾きます。そういう情報を獲得するには、実は昔ながらの**「飲みニケーション」**が効果を発する場合が多いのです。つまり、**食事の場でこそ、人は本音を吐きやすくなる**のです。

飲みニケーションというと、前世の遺物みたいに扱われるかもしれませんが、人間はか

って遠い昔狩猟が生活の中心だった頃から、火のまわりに集まって食事をしていた文化を持つので、火のまわりだと安心して言葉を発すると言います。キャンプファイアーやたき火、囲炉裏などを考えてみると、なんとなくうなずける説ですね。

得意先の担当者や上司などと、食事をしながら、「いや〜、今回は本当のところどうなんでしょうか？」などと自然な形で相談するのです。大切なことは簡単に話してくれないでしょうが、ヒントが転がっていることが多いです。たとえば、次のような情報がわかるとよいでしょう。

- **今、（相手方の）経営方針はどうなっているのか？**
- **その中で力を入れていることはどんなことか？**
- **それを進めているキーマンはどなたで、どのような考え方の方なのか？**

参考までに、筆者は下戸なので、酒席という絶好の場をうまく使うことができません。また、近頃、コンプライアンス（企業の法令遵守）が強化されて、取引会社間でおごる・おごられるということがしにくくなっていることもあります。

そういう場合は、ランチでいいのです。昼食で、しかもワリカンであれば、そんなに目くじらを立てる取引先もいないと思いますので、ランチをできるだけ共にして（それでも、おそらく夜の酒席のほうが早道だと思いますが）、相手にいろいろ相談して、「こういったシステムで提案したいのですが……」などと根回しします。そんな根回しの場で、「**実はキーマンは▲▲係長なんですよ。あの人が賛成したら、プレゼンはきっと通るはずです**」などという情報を仕入れることもあります。

プレゼンは、オリエンからはじまっています。そして、そのオリエンをしっかり理解することが第一です。さらに、そのオリエンの裏にある、いろいろな事情を知っておけば、プレゼンの勝率が上がることは間違いないですね。

まとめ

- プレゼン前の情報収集が大切
- 飲みニケーションも利用して、キーマンなどの重要情報を得ると有利になる
- 飲みニケーションだけでなく、ランチの機会でもＯＫ

2 プレゼン直前には

リハーサルをしよう

さて、オリエンやその後の情報収集（「根回し」を含む）により、どういう風にプレゼンするか方針を立てます。そして、前述したように、メッセージを考え、物語をつくり、相手のタイプを類推して、どうやって「5分で納得プレゼン」を行なうか決めます。

そうしたら、必ずリハーサルを行なってください。**同僚や上司を相手にして**、プレゼンしてみましょう。

できたら、**ICレコーダーで録音**してもらいましょう。スマートフォンなどでも、ボイスレコーダーの機能があるものがあります。携帯電話などで、動画を撮ってもらってもよいですね。リハーサルのチェックポイントは次の通りです。

①話し方、とくにスピードと声色
②クロージングへの入り方
③全体の時間の割り振り
④想定質問事項のチェック
⑤提出資料や企画書の校正

できたら、服装など見た目についてもアドバイスしてもらいましょう。

時間は絶対に守らなくてはいけません。しっかり時計でカウントしましょう。

「想定質問事項のチェック」というのは、プレゼンが終わった時、提案先からどのような質問がきそうか、先に考えておき、どうやって対処するか考えておくことです。

提出資料や企画書の内容について、文字校正を行ないます。とくに、**先方の社名や人名、製品名やサービス名など、絶対に間違ってはいけない文字については念入りにチェックしましょう。**

ロケハンをしよう

ロケハンとは、よく映画やテレビ番組の撮影で使われる用語で「ロケーション・ハンティング」(Location hunting) の略で、撮影場所の下見です。プレゼンの場合も、プレゼンする場所を見ておくことに意味があります。

会場が相手の会社の応接室や会議室なら、当日にならないと室内はわかりませんが、それでも、プレゼンの前日までには、相手先の会社のまわりを見ておくことには意味があります。まずは「**ルートの確認**」として、遅れたりしないように一度行ってみることです。行ってみると、相手の会社の周辺状況がわかります。筆者は、フェデックス キンコーズのような、「**ビジネス・コンビニ**」があるかどうかだけでもチェックしておきます。もし、資料をたくさんコピーする必要があった時、内容を当日の朝急に修正し、プリントアウトし直さなくてはいけない時など、ビジネス・コンビニがあることがわかると大きな失態は防げます。

もし、**プロジェクターなど機器**を使うのであれば、相手先の会社であろうとも、お願いして現場を見ておくほうがいいでしょう。

コンセントの位置などを確認しておかないと、当日電源コードが届かないなどというアクシデントが起きてしまいます。また、先方の機材を使う時は、ちゃんと起動するかどうか、お願いして確認しておいたほうがいいでしょう。一番困るのが、「当日起動しない」「うまく見えない」という事象です。

もちろん、そんな場合に備えて、プロジェクターを使ってプレゼンする時にも、「紙」にプリントアウトして準備しておくことも大切です。「プロジェクターが使えないからプレゼンできません」では、失敗したも同然です。

もうひとつ、プレゼンする場所を見ておくと、若干「**心が落ち着く**」ということがあります。これは心理学的なものなのでしょうか。やはり、「はじめてきた、見たこともない場所」で全力を発揮するのは難しいと思うのです。

まとめ

- **リハーサルは必須。5つのポイントをチェック**
- **プレゼン現場をロケハンして、ルートや機材などの確認をする**
- **ロケハンをすると気持ちが落ち着く**

3 プレゼン本番には

あがっても大丈夫

さて、本番がはじまります。本書で今まで述べたことに留意して進めていただければいいのですが、やはりこういう声を聞きます。

「自分はあがってしまうのでプレゼンがうまくできない」

おそらく、プレゼンが苦手な人の深層意識に多く存在することではないかと思います。

「はい。あがっても、それは全然問題ありません」とわたしは申し上げております。少々緊張して、緊張した表情と姿勢で向かって問題ないのです。**その姿から、提案相手は真剣さを読み取ります。真剣だから緊張するのです。**

「ああ、緊張してあがりそうだなあ」と思ったら、自分で、「自分は今、緊張しているんだ」

と認めてしまうことです。「緊張してうまく話せないかもしれない」と同行者に素直に言えばよいのです。無理したり、強がったりすると、だいたいよい結果を招きません。姿勢はもちろん背中を伸ばして、相手とちゃんと向き合うことです。それで落ち着いた雰囲気をかもし出すようにします。

筆者もよくあがります。そんな時は、スタッフに、「今日は何だか、あがってます」と正直に言います。自分の中にある不安を正直にはき出してしまえばいいのです。

プレゼンをはじめる時に、相手に「今日は緊張しておりますので、ところどころ、つかえるかもしれませんが、よろしくお願いいたします」などと笑いかける時もあります。

とにかく「**あがること自体は、そんなに問題ではない**」ので、安心してプレゼンをはじめてください。それでも気になる人は、前述のように、勉強会の講師をかってでたりして、多少場慣れをしておくほうがさらにベターでしょうね。

「5分で納得プレゼン」の順序を整理してみましょう

これまで述べてきたことを、もう一度「プレゼン本番」にあてはめて、整理してみましょ

➡表11　「5分で納得プレゼン」のタイムスケジュール

時間	やるべきこと	内容
1分	・切り出し	・自己の体験談を織り交ぜる
2分	・最初に大切なことを述べる	・当を得たメッセージを示す
3分	・イメージを広げる ・根拠を示す	・ツールなどを使い、最適な方法を用いる
4分	・具体的なメリットを納得してもらう	・成功物語を伝えて、頭に描いてもらう
5分	・クロージングで「ぐっと詰め寄る」	・予算やスケジュールを提示する

う（表11）。

この後、質疑応答などがあるかもしれません。それを入れても、10〜15分程度で終わるのではないでしょうか？

もし、もっと詳細なことも説明しなくてはいけないプレゼンだったとしても、最初の5分で表11のような流れで納得してもらえるように考えておきましょう。ある程度、提案先に納得してもらった所で（理想的には「おおむねよいだろう」などと決裁をもらってから）、プランの詳細部分に入っていけばよいでしょう。

ここまで、読んでいただいた方は、すでに「5分で納得プレゼン」の骨組みがわかった方です。あとは実践あるのみですが、実践してみると、思うようにいかないことがあります。次の章に、「よくある失敗の例」をまとめてみました。ぜひ、プレゼンを行なった後（もちろんプレゼンの前でもかまいません）、読み返してみてください。

まとめ

- 「あがる」のはダメではない。それをそのまま受け入れてプレゼンにのぞもう
- 時間配分を頭に入れて「5分で納得プレゼン」を行なおう！

6章

プレゼン・クリニック
あなたのお悩み、
解決します

1 プレゼンは中身が大事で見た目はどうでもよいと思っていないか？

3日間徹夜して、ボロボロの姿でプレゼンしたけど……

企画書を書くことに一所懸命の人が少なくありません。「企画書を徹夜して書いた」なんて自慢話のように語る人もいますが、それは、そもそも順序が逆で、**プレゼンを通すために企画書を工夫するもの**です。つまり、どんなに企画書がすばらしくても、プレゼンのことを考えていなかったら、何にもならないのですが、たまに、「企画書完璧主義」の人がいます。

もちろん、企画書は大切なものです。しかし、プレゼンのことを考えれば、企画書から「当を得たメッセージ」を取り出して、どうやって相手に納得してもらうかを工夫することに時間をかけたほうがいいでしょう。

ましてや、プレゼンに、疲れ果てた不潔な姿で出ても、「一緒に働きたい人」とはほど遠いですよね？　**プレゼン前日は、企画書の大事な所の誤字・脱字をチェックしたら、早めに休んで英気を養い、当日はすっきりとした清潔なスタイルでプレゼンにのぞむ**ことをおすすめします。

「そう言っても、プレゼンは中身ではないか？」

その通りです。もしかしたら、中身がすばらしくて挽回できることもあります。しかし、前述したように、「ダメなノンバーバル・コミュニケーション」、つまり「見苦しい雰囲気」は相手にマイナスのメッセージを与えてしまい、どんなにいい内容の話をしても、伝わらなかったら同じことですね。

目立とうと思い、奇妙な格好でプレゼンしたが……

プレゼンの提案先との関係性や相性などを考えて、どうしてもそうしたいというなら別ですが、前述した理由と同様に、奇抜な格好もおすすめできません。それが「説得力あるたたずまい」を形成していますか？　役に立ちますか？　もっと言えば、「ジョークで切り出す」と同じように、はずしたらほとんど再起不能です。

芸人さんやアーティストなど、特別な職種、立場の人ではない限り、「一緒に働きたい」と思わせる服装や姿勢などのたたずまいでプレゼンにのぞむべきです。

まとめ

■見た目は大切。清潔で「一緒に働きたい」と思うスタイルを

2 どんな相手にも熱意と気合いでぶつかれば説得できると思っていないか？

「熱意」も「気合い」も大切ですが……

とくに営業職において、「熱意が足りない」とか「気合いが足りない」とか怒られる時代がありました。しかし、はっきり言って今の時代、景気が上向かず、これから先の経済

状況も見えない中、**熱意だけでプレゼンが通るなんて、まず思わないほうが賢明**です。

たまさか、お金を自由にできるオーナー社長に気に入られてプレゼンを通してもらえる、といったこともないではないですが、おおかたの提案先の担当は、「どうしてそのプレゼンを通したのか」会社に報告をしなければなりません。

そうすると、あなたの行なった提案は、次のどれかに分類されます。


【提案先のニーズ／条件／予算・納期】
①ＯＫ／ＯＫ／担当者のレベルで十分決裁できる
②ＯＫ／微妙／担当者が社内で調整しなくてはいけない
③微妙／ＯＫ／まず通らないが、担当者の好みにぴったり合っている場合には、社内で調整してくれる可能性がある
④微妙／微妙／担当者レベルでまず通らない

「ＯＫ」「微妙」以外に「かけ離れている（ＮＧ）」というものがありますが、「かけ離れている」がひとつでも入った瞬間に、その提案は通りません。

さて、あなたのプレゼンはどう評価されるでしょうか？　おそらく、②③あたりに置か

れることが多いのではないでしょうか？

そうすると、あなたがなすべきことは、前述の「相手のタイプ」を考えて、推測し、「担当者の好みに合致する提案のしかた」を行なうことです。それによって、提案先の担当者が、何とか社内調整をしてくれることになるわけです。

むろん、「熱意」「気合い」が不必要と言っているわけではありません。むしろ、真摯に「何とかお願いします」という姿勢は大切です。しかし、提案先の担当者もできないことはできないのです。熱意や気合いを押しつけるのではなく、**相手の担当者が、社内で調整しやすいように、また、「そうしたい」というモチベーションが上がるように工夫する**ことに熱意と気合いを向けるべきでしょう。

まとめ

- **「熱意」や「気合い」だけではプレゼンは通らない。相手のタイプをよく考え、自分の提案を客観的に分析してからプレゼンにのぞむべき**

3 単なる発表会になっていないか？

資料棒読みは最悪……

わたしは、自分がプレゼンするだけでなく、他者のプレゼンもたくさん見てきましたが、やはり、一番どうしようもないな、と思うのが「資料棒読みのプレゼン」です。しかし、そのようなプレゼン、我が国の現場では何と多いことでしょうか。

「資料棒読み」の最悪な所は、提案先の顔を見ないで、下ばかり向いていることにあります。提案先の顔を見ていないと、**「コミュニケーションをとる気がないように見える」**わけです。それだけでなく、プレゼンするべき相手の表情も見ていないのですから、提案先が不機嫌なのか、喜んでいるのか、無関心なのかわかりません。つまり、双方向ではなく、**「一方的に資料に書いてあることを読み上げること」**にしかならないのです。

これは、ボイストレーニングスクールの方に聞いたのですが、日本では、学校教育で本を読ませる時には、「間違えずに読むように」と注意しますが、たとえば米国では「いい声で話すように」と指導するそうです。もちろん、間違えないことも大切ですが、プレゼンする場合、「いい声」で、相手にいい伝え方をすることがとても大切ですね。

ですから、**「多少間違ってもいいから、資料を見ないで、相手の顔を見ながらプレゼンする」**ということを心がけましょう。予算やスケジュールなど、間違えてはいけない所だけ、「ではお手元の資料をご覧ください」とすればよいのです。

枝野官房長官やオバマ大統領の会見はひとつの見本

2011年3月の東日本大震災の対応で、政府のスポークスマンとして、連日説明に立ったのが枝野幸男官房長官でした。その落ち着いた話しぶりはおおむね評判がよかったのではないでしょうか。もちろん、間違ったらたいへんな内容ばかりでしたから、資料に目を落とすのはしかたがないとして、**話す時は、できるだけしっかり前を向き、ゆっくりした、落ち着いた声で話している**のには感心しました。まさに、日本人が行なうべき、「プレゼンの話し方」のいい例だなと思います。

だいたい我が国の政治家や官僚の説明は、資料棒読みがほとんどです。それでは、国民の胸にメッセージが刺さらないでしょう。

小泉純一郎元首相があれほど人気を博したのは、やはり「プレゼン力」が強かったからだと思われます。**基本的に、背筋を伸ばして、しっかり前を見て、印象的なフレーズを短くズバッと伝える**。まさに、シンプルなワンメッセージでした。

2011年5月、アメリカ合衆国のオバマ大統領は、ビンラディン殺害に関して会見を開きました。ちなみに、その時はやはり紺の上着に赤いネクタイの「パワースーツ」でした。**ひと言ひと言、かみしめるように、威厳を持って、前を向いて話す**様は、演説のお手本を見ているようでした。

ここにあげた方々の、政治家としての評価は横に置くとして、プレゼンのいいところは学んだほうがよいと思います。

まとめ

■「資料棒読み」は最悪。多少間違ってもいいから、資料だけを見ず相手の顔を見ながらプレゼンしよう

4 時間切れになってプレゼンが打ち切られていないか？

先方の都合で急にプレゼンを打ち切られてしまった……

時間を測りながら何度もリハーサルを行なうのは、時間通りにプレゼンをまとめるためでもあります。もたもたして、先方が指定した時間内にプレゼンが終わらないのでは、怒られてもしかたがありませんね。

ところが、思ってもいない時にプレゼンが打ち切られてしまうことがあります。とくに、中小企業のオーナーなどとアポイントを取ると、平気で、「あー悪い。今日はもう10分しか話を聞けなくなってしまったから、ささっと説明してくれよ」なんて、予定を変更させられたりします。

それだけではなく、プレゼンの途中で、「あーちょっと悪い。大事な人から電話がかかってきたので、この後は部長に説明しておいてくれ」なんてことが起こります。このような場合、そのプレゼンは流れたも同然です。筆者は、そんな場合は、なるべく流してしまい、**「すみません。それなら後日もう一度説明に上がります」と仕切り直し**ます。このようなタイプの社長には、その部下の方に説明しても、たいがい通らないし、うまく伝わらないし、挙げ句の果てにはもう一度プレゼンをやり直しということが珍しくないので、それぐらいだったら仕切り直しのほうがましです。

ずいぶん中小企業のオーナーのことを悪く言ってしまいましたが（失礼）、中小企業のオーナー社長とアポイントを取り、時間をもらうのはたいへん難しいことなのです。**アポイントを取れただけで、プレゼンは半分ぐらい成功した**とも言えます。なぜなら、彼らは強力な決裁権を持っているし、決断力があるのでプレゼンに対する可否も早く、プレゼン相手としては極上の人たちです。そんな人たちは、とくに忙しいので、予定が変わったり、割り込まれたりするのは、しかたがないと言えます。

このような**対策としては、ひとつしかありません。「5分で納得プレゼン」を行なうことです**。まさにこの書籍に書いてきたように、5分で、できるだけ結論まで持って行ってしまうようにします。もし、時間が余れば、その後の質疑応答をじっくりやればいいですし、持参した資料を見てもらえばよいのです。

万が一、途中で予定が変わったり、打ち切られたりしても「メッセージ」は一応伝えたわけですから、もし、提案先の心に引っかかっていれば、必ず、「今日は悪いことをしたね。さっきの話は興味があるから、後でもう一度連絡をくれないか」とフォローしてくれるはずです。

もし、どうしても、時間のかかるプレゼンになるのなら、その冒頭に、やはり企画全体のあらましを伝え、重要なメッセージを投げておいてからスタートすれば、提案先の都合で打ち切られたりしても、無駄にはなりません。

まとめ

■はじめに重要なメッセージを伝えておくことが大切。とくに、忙しいけれど決裁の権限が大きい人が相手ならば必ず

5 「社内プレゼン」がどうもうまくいかない

なんだか「社内プレゼン」のほうがきつい……

本書は、とくに「社外向け」「社内向け」と切り分けずに説明をしてきました。

しかし、「社内プレゼンのほうがきつい」という声をよく聞きますし、わたしもそういう場面もたくさん見てきました。社内プレゼンのほうがきつく感じる理由を次のように考えます。

①自社で使う予算なので、より判断がきびしく、費用対効果を吟味される

②上下関係や人間関係が必要以上に干渉してくる

筆者は、社内プレゼンだからといって特別なことをすすめるつもりはありません。今まで述べてきたことをベースにプレゼンしていただければと思います。しかし、社内プレゼンにこれらの要件が絡んでくるというのも事実です。これらの要件で、**「何とか努力して対応可能なこと」**と**「努力してもしかたがないこと」**があります。

①自社で使う予算なので、より判断がきびしく、費用対効果を吟味される

これは、何とか努力して対応できることのひとつです。費用対効果について、徹底的に検証し、納得できるデータを揃えて添付するしかありません。

筆者は他社の成功事例などを添付することをすすめることもあります。しかしそれは、その会社の社風によっては逆効果の時もあるので（「他社は他社だから関係ない」などと言われることも）、慎重に運ばねばなりません。

②上下関係や人間関係が必要以上に干渉してくる

こちらについては、どうしようもないことですが、社内組織の力学を十分に検討して、**「根回し」を丹念に行なう**ことで、なるべく**「通しやすい環境を整備しておく」**という工夫がまず考えられます。

しかし、それは（現実的には必要なことだとは思いますが）、本書の趣旨とは多少違います。そういった社内政治や駆け引きに強くなるということであれば、また別の話ですし、ここでは、あくまでも正道でいくことをすすめておきます。

ふだんから前向きに「プレゼンに強い体質カイゼン」に取り組み、その結果「プレゼンする機会」を与えられるようになり、真摯な態度でプレゼンにのぞむというスタイルを望みます。それを正当に評価してくれないのは会社のほうに問題があるといえるでしょう。

前章で「理不尽な質疑応答」についてお話しさせていただきましたが、筆者の経験で言えば、社内プレゼンのほうが、そういうシーンに遭遇する確率が高いと思います。

取引先に理不尽なことを聞かれるのもつらいですが、ある程度事情や状況を知っている社内の人間にそういうことを言われるのは、さらに耐え難いものがあると思います。本書を読んでいる方は、そういう目に遭わないために、本書を活用していただきたいのですが、現実にはいろいろなことを言われるときがあると思います。

しかし、繰り返しになりますが、あなたがそれを**「前向きに受け止めている姿勢」は誰かが見てくれています。**違うセクションの人かもしれませんし、同僚や部下かもしれません。プレゼンの場は自分を磨く場だと思って、前向きに乗り切ってください。

まとめ

- 社内プレゼンでは、費用対効果に絞った資料を作成しておく
- 社内ではプレゼンを通しやすい環境を整えておく

7章

本当にあった「5分で納得プレゼン」実戦事例

1 低予算で話題づくりと成果を求められたプレゼン

予算は少ない上に、目に見える結果を出せというきびしい申し出

さてここまで説明したことをベースに、実際にプレゼンにのぞんで、成功した事例をストーリーでご紹介しましょう。筆者が体験したことを盛り込んでいますが、多少わかりやすく脚色していますのでご承知置きください。

筆者のクライアントに機械メーカーB社がありました。そのクライアントの相談を受けるところからこの事例はスタートします。

①クライアントのオリエンテーション

- クライアントは機械メーカーとしては経営も安定していて、優良企業なのだが、地方にあり、知名度が低く、その時期になかなかほしい人材が集まらなかった
- そこで、「ブランドイメージをアップさせる広告企画」を展開したい。ブランドイメージを上げるだけでなく、実際に、学生からの問い合わせを集めるような企画がほしい
- ただし、テレビ広告を打つような予算は出せない

②メモ

- B社のブランドイメージを上げる企画が必要
- 実際に学生からの問い合わせを増やすことが必要
- 予算があまり出ない

つまり、予算をあまりかけずに、多くの若い人にB社のブランドイメージを上げるような企画を提案しなくてはいけないということです。しかも、実際に問い合わせを増やすという結果も求められる、と認識しました。

③検討

・コストが安くてターゲットにふさわしい媒体は何か？

・コストをかけずに、話題づくりをする企画は何がよいのか？

・媒体だけでなく、実際にターゲットにリーチする方法は何か？

「ターゲットの若い人たちにアプローチするにはFMラジオがいいのではないか？　しかも、全国ネットで放送する必要はなく、その地方で人気のあるFMラジオ局を使えばいい」と考えました。しかし、ただラジオ番組を流しても意味がありません。それをイベントにして話題づくりをするには公開生放送にして人通りの多い場所で行なったらどうだろう、と展開していきました。

④企画案

・B社の地元「FMラジオC局」で、番組を提供

・その公開放送をターミナルD駅の特設スタジオで実施

・集まった若者にB社資料を配付

⑤プレゼン実施計画

「企画案をどう展開するか、計画を立ててみよう」

【時間　やるべきこと　／　内容】

1分　切り出し　／　自己の体験談

- 自分とラジオの関わり
- 今も若い世代にはラジオが親しまれていること
- いただいたテーマの確認

2分　最初に大切なことを述べる　／　当を得たメッセージを示す

- ターミナルD駅で「FMラジオC局」の公開生放送を実施しませんか

3分　イメージを広げる・根拠を示す　／　ツールなどを使い、最適な方法を用いる

- 公開生放送のパース画を見せる
- 「FMラジオC局」の視聴者資料を配布する

4分　具体的なメリットを納得してもらう　／　成功物語を伝えて、頭に描いてもらう

- 想定リスナー数から、「見込み」を述べる
- 具体的に申し込みに至らなかった学生にもB社のブランドが認知されると述べる
- 取引先などにも本イベントは宣伝できる

⑥実際の「5分で納得プレゼン」

・切り出し

「プレゼンの機会をいただいて感謝いたします。それではさっそく提案をはじめさせていただきたいと思います。

まず、今回のお話をいただいて、わたしが学生だった頃を思い出してみました。自分が学生の頃は、ここから遠く離れた故郷でラジオの深夜放送に親しんでいたものです。ラジオという媒体は、今でも若い世代には親しみ深いもので、とくにこの地域ではＦＭラジオＣ局が支持されているようですね」

（相手は2人、若い担当Ｇさんが「ぼくも聴いてますよ」と笑う）

「今回いただいたテーマを考えるに、そのようなことを考えたのですが、テーマは『コストをかけずに若い世代にアプローチして貴社のイメージを上げたい』さらに『できるだけ問い合わせなどの結果がほしい』ということでよかったでしょうか？」

（相手がうなずく）

・メッセージ

「そうすると、冒頭にお話ししたように、FMラジオC局を活用するというのがよいのではないかと考えました。その根拠は後でお話しします。

ひと言で言うと、ターミナルD駅でFMラジオC局提供の貴社冠番組の公開生放送を行なうという企画です」

（相手が「ふむ、なるほど」といった雰囲気に）

「今回いただいたテーマとしては、ただ、宣伝するだけでなく、ターゲットの若い世代に、直接貴社の情報を与えて、しかも、何らかの結果を得る必要があります。ですから、単に番組を提供するだけでなく、公開生放送というイベントに仕立てることが必要だと考えました」

（相手は「ふむ」という感じではあるものの、もうひとりの年配の方はいまひとつ納得していない感じ）

・イメージを広げる

「口で言ってもわかりにくいかと思いますので、『絵』をつくってきました。貴社が提供する公開生放送番組をターミナルD駅で行なったらこうなる、というイメージをパースにしてきたものです。このパース画では人気のディスクジョッキーEさんと、ゲストにアーティストFさんを呼んだ、というイメージにしてあります」

（パースを見せる。年配の人も「ほほう」という感じになる）

●根拠を示す

「イメージがわかりますでしょうか？　さらに、FMラジオC局の聴取者、つまりリスナーのデータを配布させていただきます。ターゲットの世代の所には、わたしがマーカーをひかせていただきました」

（資料を配ると相手は目を落とす。あまり資料をじっくり読まれても長くなってしまうので区切る）

●成功物語

「詳しいところは、後で読んでいただければと思いますが、おおむね、今回のターゲットに合致しているようです」

「想像してみてください、人で溢れる大きなターミナルD駅に、貴社のブランドを掲示した公開生放送スタジオができて、若い世代がいっぱい集まってくるのです。それは放送でも流れますが、何と言っても、集まってきた若い世代に直接アプローチができるのです。リスナー数、乗降客数から考えても●●名にはアプローチできると考えます。もちろん、ラジオを聴いている人たちからの問い合わせも見込めるでしょう」

・クロージング

「肝心の予算ですが、こちらが見積書です。ラジオという公共放送を使い、駅に生放送の公開スタジオを設けて、これだけの予算で済みます。これもFMラジオC局が地元に密着して親しまれているから各方面のコストが抑えられたのですね。今回、コストが抑えられるのは、全国放送ではなく、この地元のターゲット世代にリーチすることに絞り込んだからできたことなのです」

（相手は「なるほどなあ」という感じ）

「先ほどGさんが聴いているとおっしゃったように、若い世代を中心に、番組は広くこの地域で聴かれていますから、今回の目的だけでなく、貴社のお取引先や金融機関など、幅広く認知度を上げることができると思います」

ここまでで、約5分。実際のプレゼンでは、この後、体制の話、時期の話などを加えて話しましたが、ここまでで、ほとんどプレゼンは終了していたわけです。結果はもちろん、受注することができました。

準備としては**「FMラジオC局」との条件の折衝、パース画の作成**などけっこうたいへんでしたが、パース画が、かなり大きな決め手になったと考えています。実は、年配の担当者が、途中まであまりピンときていないと感じていました。つまり、「言っていることはわかるけど腑に落ちていない」という様子です。それは、見ていればわかります。しかし、パース画で見たとたん、**頭の中に「成功物語」が見えてきた**のだと思います。急に雰囲気がポジティブになりました。

この時は、企画書は作成していきましたが、実際には「パース画」と「ラジオ局の資料」がメインで、「後で読んでおいてください」ということで済ませました。手元の企画書をじーっと読まれるより、「成功物語」を話したほうが結果は早いのです。

2 初対面の相手にウェブサイトリニューアルを提案

初対面の相手にプレゼンを行なうという経験

あるコンサルタントの方から相談があり、自分の仲のよい会社が、新たに外食チェーンHをスタートさせたのだけど、思ったように集客できていない。集客の企画を提案してくれないか？　ということでした。

ところが、時間がなく、急いで提案する必要があるので、はじめて相手を訪問する、まさにその時、集客企画を提案しなくてはならなくなったのです。この書籍で述べてきたオリエンはなし。先方の事情を詳しく知らないまま企画を考えなくてはいけなくなりました。ふつうは、そのようなお話は辞退させてもらうのですが、そのコンサルタントには長い間お世話になっていますし、「それではやるだけやってみましょう」ということでお受けしました。

イレギュラーなスタートではありますが、「あまり準備ができないのにプレゼンしなくてはならない」という状況は、ビジネスシーンでよく現れますので、その意味でも参考にしていただければと思います。

①クライアントのオリエンテーション

- 直接のオリエンはなし。先方のホームページとコンサルタントの話だけ

②メモ

- ターゲットは都市部の、とくにビジネスパーソン。客単価ランチは1500円ぐらい。ディナーは5000～8000円ぐらい。超高級ではないが和食をメインとした創作料理
- 高級住宅地に店舗展開しており、ランチタイムは地元の主婦などでそこそこ賑わっているが、ディナータイムは売上が伸びていない。そこをとくに何とかしたい
- 先方のホームページを見る限り、会員制をうたっているが、あまり魅力あるサービスは展開していない。もっと言えばホームページも見にくく、何が特色かよくわからない

これだけでは、いったい何が問題なのかよくわからないですし、問題がわからない以上解決策を提案することはできません。総花的な提案をしても面白くないと考えて、次の通り仮説を立てました。

③仮説

【仮説】

- 20～40代のビジネスパーソンがあまり利用していないのではないか？

【提案】

- 20～40代のビジネスパーソンの集客にもっと力を入れよう
- 20～40代のとくに女性のビジネスパーソンが利用すれば、男性も連れて来て、ディナーの集客や会社イベントでの利用につながるはず
- 20～40代のビジネスパーソン（とくに女性）に利用してもらう対策を練る

本当に仮説が当たっているかどうかはわかりません。もし、仮説が当たっているなら、プレゼンの成功する確率が上がるはずです。しかし、その前に、「どうして20～40代のビジネスパーソンがあまり利用していないのではないか？」という理由を調べなくてはいけ

ません。

そこで、実際にターゲットと同世代の弊社の女性社員とその友人たちで外食チェーンHの旗艦店に行ってもらいました。もちろん先方には内緒で、彼女たちの眼でレポートを書いてほしいと思ったのです。実際に利用してみて、もし仮説が違っていたらイチからやり直しですが、コンサルタントの話を聞く限り、ある程度の確信はありました。そうして彼女たちのレポートを見ると、ほぼ仮説通りでした。

- 料理はとてもおいしく、店の雰囲気はよい
- 店内には個室も充実しており、会社イベントでの利用も十分可能
- ホームページにはそのよさがぜんぜん表れていない
- 自分たちの世代は友達やパートナーと食事に行く時には、まずホームページで検索するところからはじめるが、「和食」や「地名・エリア名」で検索しても、あまり上位に出てこない。目立たない

要は、お店自体はいいのに、そのよさがホームページなどでうまく伝わっていないということでした。そうすると、ホームページのリニューアルによる集客策と、その客をリピー

ター化していくリテンション策を提案するということになります。
そして、それが筆者の主観的な意見でなく、ターゲットの女性たちのレポートに基づくものだという提案にしたいと考えました。

④企画案

- 20～40代のビジネスパーソンをファン化していく必要性を述べる
- 体験レポートを披露
- ウェブサイトのリニューアルと、ファンづくりのためのコンテンツ作成を提案
- コンテンツはウェブサイトだけでなく、「紙」の上質なダイレクトメールを季節ごとに作成・送付することを提案

⑤プレゼン実施計画

「企画案をどう展開するか、計画を立ててみよう」

【時間　やるべきこと　／　内容】

1分　切り出し　／　自己の体験談

- 20～40代の女性層のお店を選ぶ眼がきびしい、といった自分の意見を発表

・しかし、その層をファン化すると大きなメリットがあると話す

2分　最初に大切なことを述べる　／　当を得たメッセージを示す

・本提案は「20～40代のビジネスパーソンのファン化」をすすめるものだと話す

3分　イメージを広げる・根拠を示す　／　ツールなどを使い、最適な方法を用いる

・体験レポートを見せる

・体験レポートに基づいて、何が問題なのか、分析したことを話す

・ウェブサイトのリニューアルを中心に、もっとターゲットに情報発信する方法を提案

4分　具体的なメリットを納得してもらう　／　成功物語を伝えて、頭に描いてもらう

・ターゲットの利用が増えると「カップルでの利用」「女子会での利用」「会社イベント（法人）での利用」などが見込める

5分　クロージングで「ぐっと詰め寄る」こと　／　予算やスケジュールを提示する

⑥実際の「5分で納得プレゼン」

・切り出し

「はじめまして。プレゼンの機会をいただいて感謝いたします。それではさっそく提案を

はじめさせていただきたいと思います。

　最初にお断りさせていただきますが、今回、みな様から直接お話を聞かないまま、こうしてご提案させていただくことになりました。詳しい事情を知らないわたしたちが大きなことを提案しても的外れだと思いまして、ある一点に絞り込んで提案させていただきたいと思います。もし、それが間違っていたりトンチンカンであったりすれば出直しますので、きびしくおっしゃってください」

（相手は3人、社長と役員2人。「ふむ」という感じで、絞り込みは間違ってはいない雰囲気）

「わたしは、こうして広告に関する業界で仕事をしていますが、20～40代の女性のお酒を飲む機会、食事の機会がとても増えており、同時に、女性が使うお金も増えていると思うのです」

（相手がうなずく）

「今、女子会といって、女性同士でお酒やおいしい食事を楽しむ場も増えていますし、何より、彼女らが主体的にお店を選択して、パートナーを誘ったり、場合によっては会社のイベントの幹事を務めたりするような機会も増えていることはご存じでしょう。

　こうして拝見すると、ランチはとても賑わっていらっしゃるようですが、土地柄、夜の食事、ディナーが問題なのではないかとお見かけしました」

（相手がうなずく）

・メッセージ

「ここまで言えばおわかりでしょうが、先ほど申しましたある一点とは、『女性客』とくに『20～40代のビジネスパーソン』をもっと御社の店舗に呼ぶにはどうしたらいいかということです。そして、お酒好き、食事好き、女子会好きな彼女たちをファンとして定着させるにはどうしたらいいかということです。わたしどもは、まずソーシャルメディアでの口コミ展開と、貴社ホームページのリニューアルが、すぐにできることだと考えています」

（相手が「ふむ、なるほど」といった雰囲気に）

「20～40代のターゲット女性たちは、今は情報誌などではなく、ネットメディアを使いこなして情報を探しています。ブログやツイッターなどソーシャルメディアの口コミを信用して行動します。ところが残念なことに、御社の口コミが、ネットメディア上ではあまり広まっていません。加えて、もしそれを発見しても、御社のお店のホームページにたどり着くのは簡単ではありません。しかも、きびしいことを言うようですが、御社のお店のよさがこのホームページではよくわからないのです」

（相手は面白くなさそう）

「いえ、彼女たちは、食事はおいしいし、お店の雰囲気やサービスもよいと評価しているのです。わたしがそう言っているのではありません。実は、弊社スタッフをはじめとして、20～40代の女性たちに一度お店に行って体験してもらいました。もちろん自腹です」

（相手は「え？　そうなの」という感じで雰囲気が変わる）

「食事も雰囲気やサービスも問題ない。それがうまくホームページをはじめ、彼女たちの情報網に引っかかっていないし、よさが伝わっていないのではないかということです。そこで今回は、まず、ホームページの改修をはじめとしたウェブサイトのリニューアルと、ソーシャルメディアでの口コミ展開を提案したいのです」

●イメージを広げる

「口で言ってもわかりにくいかと思いますので、参考までに御社とターゲットが近いと思われるJ社とK社のホームページをプリントして参りました。そこに、どういう風に20～40代のターゲットに向けた工夫がしてあるかをメモしてきましたので、後でゆっくりご覧

くださ い」

（ホームページの事例を見せる。年配の方も「そうなのか」という感じになる。あまり資料をじっくり読まれても長くなってしまうので区切る）

・成功物語

「しかし、わたしはソーシャルメディアでの口コミ展開とホームページのリニューアルだけでは、御社店舗の『高いブランドイメージ』は伝わりにくいと思います。プラスして、多少コストはかかりますが、『紙』媒体で、四季折々のご案内を作成して、お客様にお送りするようにしたらどうかと考えます。つまり、デジタルとアナログ両方で伝えるのです。そういったことで、20～40代のターゲットをファン化していけば、必ずや彼女たちが男性客も連れてくると思います。

想像してみてください、ビジネスパーソンである彼女たちが会社の新年会や送別会を企画して、このお店の個室を理由することを。そうすると、法人利用客が伸びていくのです。そのうち、ビジネスランチや仕出しなどの企画も面白いかもしれません」

（相手はなるほどなあ、という感じ。クロージングに進んで大丈夫と判断）

・クロージング

「肝心の予算ですが、こちらが見積書です。ただし、今日はじめてお目にかかる状態ですので、まだこれからお話を聞かないと、詳しいお見積りはお出しできません。最初の1ヶ月は、いろいろお話を聞いたりするスタッフ費としての予算です。その後、どれぐらい費用がかかるか、もちろん御社にもご予算があるでしょうから、ご相談しながら、最適のホームページリニューアルプランをもう一度提示させていただけたらと思います」

ここまでで、約5分。実際のプレゼンでは、オーナーに即決いただいて、そこから詳しい調査やヒアリングに入ることになりました。

準備としては、社員たちの「**体験レポート**」。実際のターゲット目線で書かれたこのレポートが一番相手を動かしたようでした。今、読んでもつたないレポートですが、正直な意見が相手に届いたのではないかと思います。

このような、「仮説を立ててヤマを張ってプレゼンする」というのは、本当は、あまりおすすめしたくない方法ではあります。しかし、そんな状態でもプレゼンしなくてはいけない時が必ずあります。そういう時には、あまり**「あれもこれも」と無難な企画を提案するよりも、一点突破に賭けたほうがよい結果を生むことがある**のです。

おわりに

先日、大企業に勤める20代のビジネスパーソンから聞いた話なのですが、プレゼンのやり方について、会社できちんと教わったことがないというのです。過去に先輩がつくったPowerPointのファイルをもらって、見よう見まねでプレゼンのための企画書を作成する、それだけだと言うのです。

それでは、「プレゼンとはPowerPointを使うことだ」と勘違いしても無理はありません。そうしてつくったPowerPointの企画書は、どこにでもあるようなものになり、相手の心をつかむには至らないでしょう。プレゼンはあなたという人間の「総合力」で決まるものです。ですから、あなたの総合力を瞬時に相手に伝えきるスキルが必要で、そういったことは本来、職場において先輩たちが現場で習得したエッセンスをきちんと後輩に伝えるべきものだと思います。

念のため、他の会社の若いビジネスパーソンに聞いてみても同じような回答で、「会社の先輩からプレゼンについてあまり教えてもらえない」という状況が広がっているようです。会社の先輩から、コミュニケーションやプレゼンの方法など、ビジネスの基本となるべきスキルを教えてもらうのが当たり前だったわれわれの時代を思い出すと驚きです。

本書は、プレゼンに慣れていない人へ、「当たり前のプレゼンのやり方」を、先輩から教えてもらうようなイメージで書いたものです。「当たり前のプレゼン」というタイトルにしようと思ったくらいです。

ですから、ツールの使い方や技術だけでなく、泥臭く、地道なことを大切にすること。そして、ふだんのコミュニケーションをきっちり取ることから意識すること。そうして、あなたの「総合力」をたった5分という短い時間に集約してプレゼンに勝つことを伝えたいと思って書きました。ですから、本書を読んで実践していただければ、プレゼンに強くなるのみならず、ビジネスパーソンとして、総合的に成長できると確信しています。

読者のみな様が、プレゼンに強い体質になり、ビジネス社会を楽しく生きていけるよう心から祈っています。

藤木俊明

参考書籍

『連戦不敗のプレゼンテーション』
（村山涼一著　PHP研究所）
『図解のルールブック』
（高橋伸治著　日本能率協会マネジメントセンター）
『もうひとつのプレゼン ── 選ぶ側の論理』
（野口恭平著　インプレスジャパン）
『読むだけでプレゼンがうまくなる本』
（藤木俊明・今津美樹著　インプレスジャパン）
『働く女性のためのアサーティブ・コミュニケーション』
（アン・ディクソン著　アサーティブジャパン監訳　クレイン）
『５日で身につく「伝える技術」』
（西野浩輝著　東洋経済新報社）
『これから学会発表する若者のために　ポスターと口頭のプレゼン技術』
（酒井聡樹著　共立出版）
『スティーブ･ジョブズ　驚異のプレゼン』
（カーマイン・ガロ著　井口耕二翻訳　日経BP社）

※本書で紹介したインターネットのウェブサイト情報、紹介した施設情報は2011年6月現在に確認したものです。それらの利用については、自己責任にてお願いいたします。

藤木 俊明（ふじき としあき）

石川県金沢市生まれ。早稲田大学教育学部教育学科卒業。

リクルート、ぴあなどを経て、1991年有限会社ガーデンシティ・プランニングを設立。

コンテンツ企画・制作を生業とするが、その提案に使う企画書の作成方法が実践的だと評価され、2000年頃からセミナー、企業研修講師などを務める。

著書に『明日のプレゼンで使える企画書 提案書のつくり方』（日本実業出版社）『10分で決める！　シンプル企画書の書き方・つくり方』（同文舘出版）など多数。

著書については、プレゼン、企画書、企画の立て方から働き方にまでわたるが、そのすべては「仕事を楽しくすることが人生を楽しくすること」というポリシーに貫かれている。

▶**Garden-City Planning**
http://www.gcp.jp/
▶**ツイッター**
fujiki_toshiaki
▶**Facebook**
Fujiki Toshiaki
▶**ブログ「企画書は早朝書こう日記」**
http://blog.blwisdom.com/fujiki/

5分で相手を納得させる！「プレゼンの技術」

平成23年8月11日　初版発行

著　者 —— 藤木俊明

発行者 —— 中島治久

発行所 —— 同文舘出版株式会社
東京都千代田区神田神保町1-41　〒101-0051
電話　営業03（3294）1801　編集03（3294）1802
振替00100-8-42935　http://www.dobunkan.co.jp

ISBN978-4-495-59471-8
印刷／製本：萩原印刷
Printed in Japan 2011